101 Habilidades para la vida y consejos para adolescentes

Matilda Walsh

Índice de Contenidos

Introducción 4

Familia 5

Escuela 27

Haciendo amigos 45

Hogar 55

Pasatiempos 68

Comida, cocina y hábitos de alimentación saludable 73

Ejercicio y salud 88

Primeros auxilios y emergencias 103

Salud y aseo personal 105

Confianza y autoestima 117

Frases útiles para situaciones complicadas 127

Revisión de salud en redes sociales 131

Dinero, presupuesto, trabajo extra, voluntariado 142

Obteniendo tu primer auto 158

Viajes internacionales y consejos para aeropuertos 165

Conclusión 178

Introducción

Convertirse en adolescente es increíblemente emocionante. Tienes más libertad para elegir en qué dirección quieres que tu vida avance a medida que creces. Es el momento de elegir qué materias estudiar en la escuela, decidir si ir a la universidad después de la preparatoria y explorar tus diferentes opciones profesionales. Decidirás qué camino profesional seguir, tomar decisiones importantes, hacer y revisar amistades y asumir la responsabilidad de tu propio bienestar, incluida la salud física y mental.

Sea cual sea tu caso, si estás en la adolescencia, es cuando te desarrollas, construyes tus fortalezas y trabajas en tus debilidades, ya sea aprendiendo a cocinar o cambiar el aceite en tu automóvil. Porque con gran libertad vienen grandes responsabilidades, sin mencionar un MONTÓN de nuevas habilidades que deberás dominar como adolescente.

Como adolescente, tienes muchos más desafíos. Puedes sentir presión por cumplir con las expectativas y lidiar con la presión de tus compañeros, ¡pero eres un individuo único y puedes crear tu propio camino en la vida! Puedes experimentar estrés, ansiedad y presión por desempeñarte bien en la escuela, pero hay estrategias para ayudarte en cualquier situación difícil. Y, a veces, mientras luchas por la independencia, pueden surgir conflictos con los padres y otros miembros de la familia, pero estos no tienen que durar mucho tiempo con los consejos de este libro.

Esto se debe a que ser adolescente no es fácil. Puede ser súper desafiante. Entonces, está bien sentirse perdido y abrumado a veces. Pero la buena noticia es que estás en el lugar correcto. Vamos a cubrir todas tus preguntas de adolescente como... ¿Cómo puedo tener éxito en la escuela y prepararme para la universidad o una carrera? ¿Qué quiero hacer con mi vida? ¿Cómo puedo manejar mis finanzas y ahorrar dinero? ¿Cómo cocino algo que sea saludable y delicioso? ¿Y dónde han ido todos mis calcetines?!

En las siguientes páginas, se responderán todas tus preguntas. No solo aprenderás cómo sobrevivir a tus años de adolescencia, sino también cómo ser un adolescente súper exitoso. Entonces, ¡comencemos!

Familia

Como adolescente, vas a depender mucho de tu familia. Estas son las personas a las que puedes acudir cuando todo lo demás parece que se está desmoronando. ¿Sabes? Esas personas que siempre te apoyan sin importar qué.

Nuestra familia puede darnos consejos, escucharnos cuando necesitamos desahogarnos y celebrar nuestros éxitos con nosotros. Y cuando los tiempos son difíciles, pueden ser nuestro apoyo emocional. Nuestra familia también nos ayuda a desarrollar nuestra confianza y autoestima, y nos da un sentido de pertenencia.

Pero no se trata solo de tener a alguien en quien apoyarse, tu familia también puede ayudarte a convertirte en la persona que estás destinado a ser. Pueden ayudarte a desarrollar tus valores y creencias, y darte un sentido de propósito y dirección en la vida. Siempre vale la pena tomarse un momento para apreciar todo el amor y el apoyo que te brindan.

Las familias vienen en todas las formas y tamaños. Por ejemplo, podrías tener una familia tradicional con mamá, papá y hermanos. Pero también hay muchos otros tipos de familias. Quizás tienes dos mamás o dos papás, o vives con tus abuelos. Algunas familias son mixtas, lo que significa que tienen hermanastros o medios hermanos. Y algunas personas consideran que sus amigos cercanos son como su familia. Realmente, hay muchos tipos diferentes de familias, y todas son válidas e importantes. Lo realmente importante es que tengas personas en las que puedas confiar y que te amen por quien eres, independientemente de cómo se vea tu unidad familiar.

Tus padres

La vida no es perfecta y todos sabemos que llevarnos bien con nuestros padres o tutores a veces puede ser un desafío. Digo, simplemente no nos entienden, ¿verdad? Pero la verdad es que tener una buena relación con nuestros padres es súper importante. Son las personas que más nos aman y quieren lo mejor para nosotros, incluso si no siempre parece así. Por eso quería compartir algunos consejos sobre cómo todos podemos llevarnos mejor con nuestros padres. Créeme, si sigues estos consejos, te sorprenderá lo mucho más fluidas que pueden ser las cosas en casa. Entonces, ¡sumérgete!

Comunicarse abiertamente

La comunicación efectiva es esencial para una buena relación entre padres y adolescentes. Trata de expresar tus sentimientos y pensamientos de manera clara y tranquila a tus padres, y escucha también sus puntos de vista.

Respeta a tus padres

El respeto es una calle de dos vías. Si quieres que tus padres te respeten, tú también debes respetarlos. Respeta sus opiniones, decisiones y límites.

Evita las discusiones

Es normal tener desacuerdos con tus padres, pero es importante evitar las discusiones. Intenta mantener la conversación de manera civil y respetuosa. Si las cosas comienzan a calentarse, detén la conversación, tómate un tiempo para calmarte y vuelve a hablar sobre el tema más tarde.

Ser honesto

La honestidad es importante en cualquier relación. Sé honesto con tus padres acerca de tus sentimientos, pensamientos y acciones. Si cometes un error, sé honesto, asume la responsabilidad e intenta enmendar las cosas.

Establecer límites

Como adolescente, estás creciendo y tratando de establecer tu independencia. Necesitarás comunicarte con tus padres para ganar su confianza y pedir ayuda cuando la necesites.

Ayuda en la casa

Una forma de demostrar a tus padres que los aprecias es ayudando en la casa. Podrías lavar los platos, limpiar tu habitación o sacar la basura. Tus padres apreciarán mucho esto y se impresionarán de lo responsable y maduro que te estás volviendo.

Pasar tiempo juntos

Convivir con tu familia y divertirse juntos es importante para construir relaciones. Encuentra actividades que disfrutes hacer con tus padres, como ver una película o jugar un juego.

Cumple tus promesas

Si haces una promesa a tus padres, cúmplela. Esto les demostrará que eres digno de confianza y confiable.

Muestra gratitud

Demuestra a tus padres que los aprecias. ¡Diles gracias y diles que los amas!

Ten paciencia

Es importante tener paciencia con tus padres. Están haciendo todo lo posible para criarte y guiarte a través de la vida. Recuerda que ellos también son humanos y cometen errores.

Tus hermanos y hermanas

Todos amamos a nuestros hermanos y hermanas. Son familia, ¿verdad? Pero enfrentémoslo, llevarnos bien con nuestros hermanos y hermanas puede ser difícil a veces. Saben exactamente cómo presionar nuestros botones y puede parecer que siempre estamos peleando o discutiendo por algo. Pero al final del día, nuestros hermanos son algunas de las personas más importantes en nuestras vidas. Son quienes nos conocen mejor que nadie y han estado con nosotros en las buenas y en las malas. Por eso quería compartir algunos consejos sobre cómo todos podemos llevarnos mejor con nuestros hermanos. Créeme, si sigues estos consejos, te sorprenderá cuánto más armoniosa puede ser la vida en tu hogar.

La comunicación es clave

Como en cualquier relación, la comunicación es importante para llevarse bien con tus hermanos. Trata de hablar con ellos abierta y sinceramente y escucha lo que tienen que decir.

Respeta el espacio de cada uno

Es importante respetar los límites y el espacio personal de cada uno. No invadas su espacio personal sin permiso.

Evita tomarte las cosas personalmente

Los hermanos a veces pueden decir cosas hirientes, pero es importante no tomarse todo personalmente. Recuerda que podrían estar pasando por sus propios problemas y no siempre se trata de ti.

Compartir responsabilidades

Ayúdense mutuamente con las tareas del hogar y otras responsabilidades. Esta puede ser una excelente manera de unirse y trabajar juntos en equipo.

Encuentra intereses comunes

Intenta encontrar intereses comunes con tus hermanos y pasar tiempo haciendo actividades que ambos disfruten. Esto puede ayudarte a conectarte y construir un vínculo más fuerte.

Sé comprensivo

El perdón es importante en cualquier relación, especialmente con los hermanos. Aprende a perdonar y seguir adelante después de desacuerdos pasados.

Establecer límites

Establecer límites es importante en cualquier relación, incluso con los hermanos. Hazles saber con qué te sientes cómodo y con qué no.

Practica la empatía

Trata de entender de dónde vienen. Esto puede ayudarte a ser más empático con sus sentimientos y necesidades.

Sé solidario

Estate presente para tus hermanos cuando te necesiten. Ofrece tu apoyo y aliento cuando estén pasando por un momento difícil.

Muestra aprecio

Demuestra a tus hermanos que los aprecias. Agradéceles cada vez que hagan algo bueno por ti y hazles saber que los amas.

Tus abuelos

Quería hablar sobre cómo mejorar tu relación con tus abuelos. Nuestros abuelos son algunas de las personas más sabias y experimentadas en nuestras vidas y nos aman y están muy orgullosos de nosotros. A veces puede ser difícil conectar con ellos; quizás vivan lejos o tal vez sientas que no tienes mucho en común con ellos. Pero construir una relación sólida con tus abuelos puede ser muy gratificante y definitivamente vale la pena el esfuerzo.

Por eso, he reunido 10 consejos sobre cómo llevarse mejor con tus abuelos. Ya sea que los veas todo el tiempo o solo en vacaciones, estos consejos pueden ayudarte a fortalecer tu vínculo y crear recuerdos increíbles con tus abuelos. ¡Así que comencemos!

Pregúntales sobre su vida

Los abuelos han vivido mucho tiempo y tienen muchas historias que contar. Pregúntales sobre su infancia, cómo conocieron a tu otro abuelo o cualquier otra anécdota interesante.

Escucha sus consejos

Han pasado por muchas experiencias y su sabiduría puede ser realmente valiosa. Escucha sus consejos y tómalos en serio.

Muestra interés en sus pasatiempos

Ya sea jardinería, tejido o carpintería, muestra interés en sus pasatiempos y pídeles que te enseñen.

Comparte tus intereses con ellos

Presenta a tus abuelos tus pasatiempos e intereses. ¡Puede que les interese aprender algo nuevo!

Pasa tiempo de calidad juntos

Ya sea viendo una película o jugando un juego de mesa, pasa tiempo de calidad con tus abuelos y crea recuerdos juntos.

Ofrece ayudar con las tareas del hogar

Si tus abuelos necesitan ayuda con las tareas del hogar, ofrece echar una mano. Demuestra que te importa y que los aprecias.

Respeta sus opiniones

Es posible que no siempre estés de acuerdo con las opiniones de tus abuelos, pero es importante respetarlas de todos modos.

Celebra ocasiones especiales

Haz un esfuerzo por celebrar ocasiones especiales como cumpleaños o festividades con tus abuelos. Demuestra que te importa y que quieres pasar tiempo con ellos.

Envíales cartas o tarjetas

Un gesto simple como enviar una carta o tarjeta puede alegrar el día de tus abuelos y hacerles saber que estás pensando en ellos.

Muestra gratitud

Recuerda agradecer por todo lo que tus abuelos hacen por ti. Un poco de gratitud puede recorrer un largo camino en el fortalecimiento de tu relación con ellos.

Tus tías y tíos

La familia es una parte importante de nuestras vidas, y nuestras tías y tíos pueden ser algunos de los miembros más influyentes de nuestra familia. Pueden ofrecer consejos, apoyo y una perspectiva diferente de la vida. Aquí hay algunas maneras agradables de hacer crecer tus relaciones con tus tías y tíos.

Mantén el contacto, incluso si no los ves a menudo, esfuérzate por mantenerte en contacto con tus tías y tíos a través de mensajes de texto, llamadas telefónicas o redes sociales. Muestra interés en su vida. Pregúntales sobre su trabajo, pasatiempos o cualquier noticia emocionante que tengan para compartir.

Asiste a reuniones familiares. Las reuniones familiares, como reuniones o festividades, son una excelente oportunidad para pasar tiempo con tus tías y tíos.

Ayuda con la planificación de fiestas. Si tu familia organiza una fiesta o reunión, ofrece ayudar a tus tías y tíos con la planificación y preparación.

Comparte tus propios intereses. Presenta a tus tías y tíos tus pasatiempos e intereses. ¡Pueden tener intereses similares o estar interesados en aprender algo nuevo! Escucha sus consejos. Tus tías y tíos tienen experiencia de vida y consejos que pueden ser realmente valiosos. Escucha lo que tienen que decir y tómalo en serio.

Respeta sus límites. Si tus tías y tíos necesitan espacio o tienen límites, respétalos y no los presiones.

Celebra ocasiones especiales. Esfuérzate por celebrar ocasiones especiales como cumpleaños o aniversarios con tus tías y tíos. Demuestra que te importa y quieres pasar tiempo con ellos. Envíales pequeños obsequios o tarjetas, un gesto pequeño como enviar una tarjeta o regalo considerado realmente puede alegrar su día y hacerles saber que estás pensando en ellos.

Muestra gratitud. No olvides agradecer por todo lo que tus tías y tíos hacen por ti. La gente realmente aprecia esto y realmente puede ayudar a fortalecer tu relación con ellos.

Cómo llevarse mejor con tu familia

Pedir ayuda

Como adolescente, a veces puede parecer que necesitamos manejarlo todo por nuestra cuenta. Queremos demostrar que somos independientes y que podemos enfrentar cualquier cosa que se nos presente. Sin embargo, la verdad es que nadie puede hacerlo todo solo y, a veces, necesitamos pedir ayuda. ¿Y a quién mejor recurrir para obtener ayuda que a nuestra familia?

En primer lugar, los miembros de nuestra familia nos conocen mejor que nadie. Conocen nuestras fortalezas, debilidades y las cosas que nos afectan. Esto significa que pueden ofrecer consejos y orientación más personalizados cuando los necesitamos.

En segundo lugar, es probable que los miembros de nuestra familia hayan pasado por experiencias similares en sus propias vidas, por lo que pueden ofrecer valiosas ideas y perspectivas. Pueden haber enfrentado desafíos similares o cometido errores parecidos y pueden compartir lo que aprendieron de esas experiencias.

Por último, nuestros familiares suelen ser las personas más confiables y dignas de confianza en nuestras vidas. Podemos contar con ellos cuando necesitamos apoyo o aliento. Pueden ser una fuente de consuelo y fortaleza en tiempos difíciles.

En resumen, pedir ayuda a nuestra familia es importante porque nos conocen mejor, tienen valiosas experiencias para compartir y pueden ser una fuente confiable de apoyo. ¡Pide ayuda a tu familia cuando la necesites, están ahí para ayudarte!

Pedir perdón

Como adolescentes, admitir que estamos equivocados o que hemos cometido un error puede ser difícil. Pedir perdón puede hacernos sentir vulnerables o avergonzados. Sin embargo, es importante recordar que disculparse es una parte esencial para construir relaciones saludables con los demás.

Cuando cometemos un error o lastimamos los sentimientos de alguien, pedir perdón muestra que reconocemos nuestro error y que nos importa cómo nuestras acciones afectaron a los demás. Esto ayuda a construir confianza y respeto en nuestras relaciones.

Además, cuando nos disculpamos, creamos una oportunidad para el perdón y la sanación. Podemos reconocer el daño que causamos y tomar medidas para enmendarlo, lo que puede ayudar a reparar relaciones dañadas.

Aprender cuándo pedir perdón también nos ayuda a asumir la responsabilidad de nuestras acciones y a desarrollar un sentido de responsabilidad. Puede ser tentador echar la culpa a los demás o buscar excusas para nuestro comportamiento, pero en última instancia, esto puede erosionar la confianza y el respeto en nuestras relaciones. Asumir la propiedad de nuestros errores y disculparnos cuando sea necesario muestra que somos maduros y responsables.

En resumen, saber cuándo pedir perdón es importante porque ayuda a construir relaciones saludables, fomenta el perdón y la sanación, y nos ayuda a desarrollar un sentido de responsabilidad. Si cometes un error o lastimas los sentimientos de alguien, respira profundo, sé valiente y pide perdón. ¡Hará una gran diferencia!

Nunca vayas a la cama en medio de una discusión

Como adolescente, es natural tener desacuerdos o discusiones con miembros de la familia, amigos o incluso parejas románticas. Si bien es importante expresar nuestros pensamientos y sentimientos, es igualmente importante saber cuándo dejar la discusión.

Una regla importante a seguir es nunca ir a la cama en medio de una discusión. Esto significa que debemos tratar de resolver el conflicto antes de que termine el día, en lugar de dejar que se prolongue durante la noche. Hay varias razones por las que esto es importante. En primer lugar, ir a la cama en medio de una discusión puede hacernos sentir ansiosos. También puede dificultar el descanso adecuado durante la noche, lo que puede afectar nuestro estado de ánimo y productividad al día siguiente.

En segundo lugar, los conflictos sin resolver pueden generar resentimiento y amargura con el tiempo, lo que puede dañar nuestras relaciones. Cuando nos aferramos a rencores o sentimientos negativos hacia alguien, puede crear una dinámica tóxica que es difícil de reparar.

Por último, resolver conflictos rápidamente nos permite avanzar y centrarnos en los aspectos positivos de nuestras relaciones. Podemos dejar ir las emociones negativas y trabajar hacia una conexión más positiva y amorosa con las personas en nuestras vidas.

Entonces, la próxima vez que te encuentres en una discusión con alguien, trata de resolver el conflicto antes de que termine el día. ¡Marcará una gran diferencia en tu vida y tus relaciones!

Ver la vida desde la perspectiva de otra persona

Como adolescentes, es fácil dejarnos atrapar por nuestros propios pensamientos, sentimientos y experiencias. Estamos pasando por muchos cambios y desafíos mientras crecemos, lo que puede dificultar ver las cosas desde la perspectiva de otras personas. Sin embargo, es increíblemente importante intentar hacerlo.

Una forma de ampliar nuestra perspectiva es esforzarnos por ver la vida desde el punto de vista de otra persona. Esto significa ponernos en el lugar de alguien más e intentar comprender sus pensamientos, sentimientos y experiencias. Requiere empatía y una mente abierta, lo cual puede ser difícil en ocasiones, pero es una habilidad que vale la pena cultivar.

Hay varias razones por las que esto es importante. En primer lugar, nos ayuda a ser más compasivos y comprensivos hacia los demás. Cuando nos tomamos el tiempo para ver la vida desde la perspectiva de otra persona, podemos obtener una apreciación más profunda de lo que están pasando y responder con mayor amabilidad y empatía.

En segundo lugar, puede ayudarnos a resolver conflictos de manera más efectiva. Cuando somos capaces de ver las cosas desde la perspectiva de otra persona, podemos encontrar un terreno común y trabajar hacia una solución que beneficie a todos los involucrados.

Finalmente, ver la vida desde la perspectiva de otra persona puede ampliar nuestra visión del mundo y ayudarnos a crecer como individuos. Nos permite desafiar nuestras suposiciones y prejuicios y puede llevar a una mayor comprensión y tolerancia de las personas que son diferentes a nosotros.

Si no puedes decir nada bueno, no digas nada

El dicho "Si no puedes decir nada bueno, no digas nada" es una valiosa lección para que los adolescentes aprendan. A medida que crecemos, podemos enfrentar situaciones en las que nos sentimos frustrados, enojados o heridos por otros. Es importante recordar que cómo elegimos responder puede tener un gran impacto en nuestras relaciones y en nuestro propio bienestar.

Cuando hablamos de manera negativa o hiriente con los demás, podemos dañar nuestras relaciones y hacer que los demás se sientan molestos u ofendidos. Esto puede crear tensión y conflicto, que pueden ser difíciles de reparar. Además, cuando hablamos negativa o hirientemente, también puede afectar nuestra propia salud mental y bienestar. Puede generar sentimientos de culpa, vergüenza o arrepentimiento en nosotros mismos, lo cual puede ser difícil de enfrentar.

Por otro lado, cuando elegimos hablar con amabilidad y respeto, podemos fortalecer nuestras relaciones y crear sentimientos positivos entre nosotros y los demás. Puede crear un ambiente de confianza y respeto mutuo, que puede ayudar a mantener relaciones saludables.

Aprender a controlar nuestras palabras y emociones es una parte importante de crecer. Al tomarnos un momento para reflexionar sobre cómo nos sentimos antes de hablar, podemos asegurarnos de no decir nada hiriente o negativo. Está bien expresar nuestros sentimientos, pero intentemos hacerlo de manera respetuosa y constructiva.

Ofrece ayuda

Ofrecer ayuda a un miembro de la familia es realmente importante porque demuestra que nos preocupamos por su bienestar y estamos dispuestos a contribuir a la unidad familiar. Como adolescentes, es fácil dejarnos atrapar por nuestras propias vidas y responsabilidades, pero es importante recordar que los miembros de nuestra familia también pueden necesitar nuestro apoyo y asistencia.

Cuando ofrecemos ayuda a un miembro de la familia, puede tener un impacto positivo tanto en ellos como en nosotros. Para el miembro de la familia, puede aliviar parte del estrés o la carga de trabajo y ayudarles a sentirse apoyados y valorados. Para nosotros, puede darnos un sentido de propósito y satisfacción, y también puede ayudarnos a desarrollar habilidades importantes para la vida, como la responsabilidad y la empatía.

Es importante ser específicos al ofrecer ayuda a un miembro de la familia. En lugar de simplemente decir: "Avísame si necesitas algo", debemos pensar en qué tareas o responsabilidades específicas podemos asumir. Por ejemplo, podemos ofrecernos a hacer las compras, ayudar con las tareas del hogar o colaborar en el cuidado de hermanos menores o abuelos.

Ofrecer ayuda a un miembro de la familia también puede ayudar a construir confianza y fortalecer nuestras relaciones. Cuando mostramos que estamos dispuestos a contribuir a la unidad familiar, es más probable que nuestros familiares confíen y cuenten con nosotros. Esto puede ayudar a crear un ambiente familiar más armonioso y solidario.

Dar un cumplido

Compartir un cumplido con un miembro de la familia es una forma sencilla pero poderosa de fortalecer nuestras relaciones con ellos. Como adolescentes, es fácil dejarnos atrapar por nuestras propias vidas y olvidar mostrar aprecio por quienes nos rodean. Sin embargo, tomarse el tiempo para compartir una palabra amable o un gesto puede marcar una gran diferencia en cómo nos conectamos con nuestros familiares.

Compartir un cumplido con un miembro de la familia también puede tener un impacto positivo en nuestro propio bienestar. Al enfocarnos en las cualidades positivas de quienes nos rodean, podemos cambiar nuestra mentalidad hacia una de gratitud y positividad. Esto puede ayudarnos a sentirnos más conectados con nuestros familiares y mejorar nuestro estado de ánimo en general.

Debemos tomarnos el tiempo para pensar en lo que apreciamos de ellos y ser específicos en nuestros elogios. Por ejemplo, en lugar de simplemente decir "Eres genial", podemos decir algo como "Realmente aprecio lo mucho que me apoyas y siempre te tomas el tiempo para escuchar mis problemas".

Finalmente, compartir un cumplido con un miembro de la familia puede ayudar a construir confianza y fortalecer nuestras relaciones. Cuando mostramos aprecio por los demás, es más probable que se sientan valorados y respetados. Esto puede crear un ciclo de retroalimentación positiva, donde nos sentimos más conectados con nuestros familiares y ellos, a su vez, se sienten más conectados con nosotros.

Escuela

¿Por qué la escuela?

Como adolescente, es completamente normal tener días en los que simplemente no estás animado con la escuela. Pero incluso en esos días, es importante recordar que la escuela es realmente importante para tu futuro.

He aquí por qué: en primer lugar, la escuela es donde aprendes muchas de las habilidades y conocimientos que necesitarás para tener éxito en la vida. Ya sea que estés aprendiendo matemáticas, ciencias, historia o inglés, estás adquiriendo mucha información valiosa que te ayudará más adelante. Además, cuando estás en la escuela, estás siendo enseñado por expertos que saben mucho sobre sus materias, por lo que estás recibiendo una educación de muy alta calidad.

Pero no se trata solo de datos y cifras. La escuela también es donde desarrollas muchas habilidades importantes para la vida que puedes utilizar a lo largo de tu vida. Estás aprendiendo cómo administrar tu tiempo de manera efectiva, cómo ser responsable y realizar las cosas, y cómo trabajar bien con los demás. Estas son habilidades que los empleadores valoran mucho, por lo que serán de gran ayuda cuando empieces a buscar trabajo en el futuro.

Otro aspecto importante de la escuela es que es un excelente lugar para hacer amigos y establecer relaciones con tus compañeros. Cuando estás en clase y trabajas en proyectos grupales, estás interactuando con muchas personas diferentes de todos los ámbitos de la vida. Esta es una experiencia realmente valiosa, porque te ayuda a aprender a ser más empático, comprensivo y tolerante con los demás.

La escuela puede ser una excelente manera de explorar tus intereses y descubrir qué quieres hacer en el futuro. Ya sea que estés interesado en ciencias, arte, música u otra cosa completamente distinta, hay muchos recursos disponibles para ti en la escuela. Puedes tomar clases, unirte a clubes o actividades extracurriculares e incluso hablar con tus maestros y consejeros para obtener consejos y orientación.

La escuela también puede abrirte un mundo de oportunidades en términos de tus futuras carreras y educación. Al rendir bien académicamente, puedes ser elegible para becas o ingresar a universidades prestigiosas. También puedes tener la oportunidad de explorar diferentes trayectorias profesionales a través de pasantías, prácticas laborales y otras oportunidades de capacitación.

Cómo tener éxito en la escuela

Asiste a todas tus clases

Ir a cada clase es la base para tener éxito en la escuela. Incluso si no tienes ganas, trata de asistir todos los días.

Toma buenas notas

Tomar notas efectivas en clase te ayudará a recordar mejor el material y facilitará el estudio para los exámenes.

Mantente organizado

Lleva un registro de las tareas y fechas límite en una agenda o calendario para evitar perder fechas importantes.

Participa en clase

Participa en discusiones en clase y haz preguntas cuando no entiendas algo. Esto demuestra a tu maestro que estás interesado e involucrado en tu educación.

Administra tu tiempo sabiamente

Equilibra tus tareas escolares con actividades extracurriculares, tiempo en familia y amigos. Evita la procrastinación y trata de estudiar un poco cada día.

Encuentra un grupo de estudio

Colaborar con compañeros es una excelente manera de compartir ideas y aprender unos de otros.

Busca ayuda cuando sea necesario

Siempre pide ayuda a tus maestros, compañeros o tutores. Están ahí para apoyarte.

Tómate descansos

Necesitarás tomar descansos y recargar tu cerebro. Da un paseo o escucha música para despejar tu mente.

Mantén la concentración

Evita distracciones durante el tiempo de estudio, como las redes sociales o la televisión. Guarda tu teléfono o apágalo si es necesario.

Cree en ti mismo

Ten confianza en tus habilidades y no seas demasiado duro contigo mismo si no entiendes algo de inmediato. ¡Cree que puedes hacerlo y lo lograrás!

Postura y salud

Una buena postura es importante tanto para la salud física como mental, especialmente durante largas horas de estar sentado en la escuela o estudiando.

Tener una buena postura de adolescente es importante para la salud a largo plazo, ya que puede prevenir problemas más adelante en la vida. La mala postura puede causar una serie de problemas, como dolor de espalda y cuello, dolores de cabeza e incluso problemas respiratorios. Con el tiempo, estos problemas pueden volverse crónicos y afectar tu bienestar general.

Además, tener una buena postura puede mejorar tu equilibrio y coordinación, lo que puede reducir el riesgo de caídas y otras lesiones. Una buena postura también puede ayudarte a mantener un peso saludable, ya que te anima a utilizar tus músculos centrales y mantenerte activo.

Pero la buena postura no solo se trata de la salud física, también puede afectar tu salud mental. Cuando te sientas erguido y mantienes una buena postura, puedes sentirte más seguro y confiado. Esto puede ayudarte a sentirte más feliz y reducir el estrés y la ansiedad.

Entonces, al practicar una buena postura como adolescente, no solo estás ayudando a tu salud actual, sino que también estás invirtiendo en tu bienestar futuro. Aquí hay algunos consejos que puedes probar:

Empieza a notar tu postura

Toma conciencia de cuándo estás encorvado o inclinado hacia adelante. Una vez que nos damos cuenta de nuestros hábitos, estamos en una excelente posición para mejorarlos.

Ajusta tu silla y escritorio

Asegúrate de que tu silla y escritorio estén a la altura adecuada. Pon los pies planos en el suelo. Mantén tus rodillas en un ángulo de 90 grados.

Toma descansos

Recuerda tomar pequeños descansos durante el día para estirarte y moverte. Sentarse durante mucho tiempo puede ser perjudicial para tu salud.

Usa un cojín

Si tu silla es incómoda, usa un cojín para apoyar tu espalda.

Haz ejercicio

El ejercicio regular puede ayudar a fortalecer tus músculos centrales y de la espalda, lo que facilitará mantener una buena postura.

¿Qué tan pesada es tu mochila escolar?

Como adolescente, cargar mochilas escolares pesadas realmente puede estresar y lastimar tu cuerpo, y potencialmente llevar a una serie de problemas de salud. Cuando cargas una mochila pesada, puede causar mala postura, ya que puedes necesitar inclinarte hacia adelante para equilibrar el peso en tu espalda. Puedes terminar con dolor de espalda, dolor de cuello y dolores de cabeza. Si tu mochila es realmente pesada, también puede provocar tensiones musculares y lesiones, especialmente si no la levantas correctamente. Con el tiempo, estas lesiones pueden volverse crónicas y afectar tu vida diaria. Es importante tratar de minimizar el peso de tu mochila escolar y llevar solo lo que necesitas para el día. Considera usar una mochila con correas anchas y acolchadas y un cinturón para distribuir el peso de manera uniforme. Y si debes cargar una carga pesada, asegúrate de levantar tu mochila correctamente doblando las rodillas y usando los músculos de las piernas, en lugar de la espalda.

Recuerda, la buena postura no solo te ayuda físicamente, sino que puede aumentar tus niveles de confianza y hacerte sentir más alerta y comprometido en clase y ayudarte a sentirte mejor cuando estudias.

Aprendizaje y trabajo duro vs. talento

Tener éxito en la vida no siempre depende de tu talento innato. A menudo, los niños más inteligentes en la escuela no son los más exitosos cuando son adultos. Memorizar datos para exámenes es una parte enorme de la escuela, pero no todos encuentran esto fácil. Entonces, si no eres el estudiante con los logros más altos en tu clase, esto no significa que lucharás en la vida adulta.

Lo que realmente importa es tu determinación, ambición y esfuerzo hacia tu trayectoria profesional elegida. Si te enfocas, eres ambicioso y trabajas duro en lo que eliges hacer, ¡podrías ser millonario! Y esto podría ser en cualquier cosa, desde ser un científico, un programador, un autor, un deportista, una personalidad de la televisión, crear tu propia gama de obras de arte, dirigir un negocio en línea desde tu computadora portátil mientras viajas por el mundo, o convertirte en un exitoso dueño de un café o restaurante.

Las posibilidades son infinitas siempre que te mantengas enfocado y trabajes hacia tus metas. Puedes hacer cualquier cosa que decidas hacer, si trabajas lo suficientemente duro.

Éxito en la escuela y en la vida

Muy a menudo, las personas que tienen mucho éxito tanto en los negocios como en sus trabajos de adultos tienen una mentalidad positiva. ¡Y puedes comenzar a practicar esto en la escuela! Llega temprano o a tiempo. Sonríe y saluda, sé amable. Ofrece tu ayuda. Sé amable con alguien que necesita ayuda. Siempre haz un poco más de lo que se te pidió. Cuando admires algo que alguien ha hecho, díselo y hazle un cumplido.

Tal vez no lo sepas, pero tener una mentalidad positiva puede ser un factor importante para tener éxito en la vida. ¡Es cierto! Y lo mejor de todo es que puedes comenzar a practicar esta mentalidad en la escuela.

Llegar temprano o a tiempo, sonreír y saludar a las personas, ser amable y ofrecer ayuda son excelentes maneras de comenzar. Además, intenta ser amable con alguien que necesita ayuda y siempre haz un poco más de lo que se te pidió. Dale a alguien un cumplido inesperado.

Estas pequeñas estrategias realmente pueden ayudarte a ser una persona agradable y exitosa. Ser puntual, trabajador, amable, positivo y agradable para estar cerca son factores importantes que te ayudarán a ser súper exitoso, sin importar el camino que sigas en la vida, y funciona para el hogar, la escuela, la universidad, los trabajos y cuando estés dirigiendo tu propio negocio.

Tarea

La tarea es una parte esencial de la vida escolar. Sin embargo, no siempre es fácil mantenerse motivado y enfocado cuando hay tantas distracciones a nuestro alrededor. Pero no te preocupes, ya que hay varios consejos y trucos que pueden facilitar la realización de tus tareas. En esta guía, compartiremos algunos consejos prácticos sobre cómo abordar tus tareas de manera más eficiente, para que tengas más tiempo para disfrutar de tus pasatiempos y tiempo libre. Ya sea que estés luchando con la procrastinación, la administración del tiempo o encontrar el ambiente adecuado para estudiar, te tenemos cubierto. Así que descubramos cómo puedes hacer que tus tareas sean una tarea más manejable.

Crea un horario

Establece un horario específico para hacer la tarea todos los días y respétalo. De esta manera, no procrastinarás ni la olvidarás.

Encuentra un espacio de trabajo tranquilo y cómodo

Elige un lugar donde puedas concentrarte sin distracciones, como la televisión o hermanos ruidosos.

Organízate

Mantén todos tus materiales de tarea en un solo lugar y reúne todo lo que necesitarás antes de comenzar.

Divide la tarea

Si tienes un proyecto grande o muchas tareas, divídelo en tareas más pequeñas y manejables. Esto te ayudará a evitar sentirte abrumado.

Toma descansos

Es importante tomar descansos regulares para descansar la mente y evitar el agotamiento. Da un paseo corto o realiza algunos estiramientos para refrescarte.

Evita la multitarea

Haz una cosa a la vez en lugar de tratar de hacer varias cosas al mismo tiempo. Esto te ayudará a concentrarte y ser más eficiente.

Pide ayuda

No tengas miedo de pedirle ayuda a tu maestro, a tus padres o a un tutor si la necesitas. Están ahí para apoyarte.

Recompénsate

Una vez que completes tu tarea, date una recompensa, como ver tu programa favorito o tomar un refrigerio. Esto te motivará a terminar tu trabajo más rápido la próxima vez.

Solucionando situaciones en la escuela

La escuela puede ser difícil y, como adolescente, es normal encontrarse con algunas situaciones complicadas. Tal vez estés luchando con una clase en particular, lidiando con una chica mala o un acosador, o sintiéndote abrumado por la presión de encajar. Pase lo que pase, es importante tener estrategias para ayudarte a navegar por estas situaciones y salir adelante. En esta guía, exploraremos 8 consejos sobre qué puedes hacer cuando enfrentas una situación desafiante en la escuela, para que puedas manejarla y sentirte seguro de ti mismo.

Respira profundo: Cuando te enfrentes a una situación difícil, lo primero que debes hacer es respirar profundo y tomar distancia. Esto te ayudará a pensar con más claridad y racionalidad sobre la situación.

Busca ayuda: No tengas miedo de buscar ayuda de un maestro, consejero o padre. Pueden brindarte apoyo valioso y consejos para ayudarte a navegar por la situación.

Comunicarse: Intenta comunicarte de manera efectiva con la otra parte involucrada. Esto significa escuchar su perspectiva y expresar tus propios pensamientos y sentimientos de manera respetuosa y constructiva.

Asume la responsabilidad: Si tienes la culpa, asume la responsabilidad de tus acciones y pide disculpas si es necesario. Esto puede ayudar mucho a resolver la situación y reconstruir relaciones.

Busca una solución: En lugar de quedarte atrapado en el problema, concéntrate en encontrar una solución que funcione para todos los involucrados. Propón ideas y mantente abierto al compromiso.

Mantente positivo: Es fácil deprimirse y preocuparse por la situación, pero intenta mantenerte positivo y optimista. Cree que puedes encontrar una solución y que todo saldrá bien al final.

Toma un descanso: Si la situación te está causando mucho estrés, tómate un descanso. Sal a caminar, escucha música o prueba algo que te guste para distraerte.

Aprende de ello: Cada situación difícil es una oportunidad para aprender y crecer. Reflexiona sobre lo que sucedió, qué podrías haber hecho de manera diferente y cómo puedes utilizar esta experiencia para mejorar a ti mismo y tus relaciones en el futuro.

Lidiando con la presión de los compañeros y los acosadores

Como adolescente, puedes enfrentarte a situaciones en la escuela o al socializar con amigos, donde sientes presión para hacer cosas con las que no te sientes cómodo o incluso te encuentras con acosadores que te hacen sentir impotente. Estas situaciones pueden ser difíciles de manejar, pero debes recordar que no estás solo y que hay formas de enfrentarlas. Aquí hay algunas formas de lidiar con la presión de los compañeros y los acosadores para que puedas sentirte más seguro y en control en estas situaciones desafiantes. Recuerda que tu seguridad y bienestar siempre deben ser lo primero y no hay vergüenza en buscar ayuda cuando la necesitas.

Rodéate de personas positivas

Asegúrate de que las personas en tu vida te levanten y te ayuden a convertirte en la mejor versión de ti mismo. Busca amigos que compartan valores e intereses similares.

Confía en tus instintos

Si algo no te parece bien, confía en tu instinto. No hagas algo solo porque tus compañeros lo estén haciendo.

Aprende a decir "no"

Decir "no" es realmente complicado, pero es importante defenderse y defender lo que crees. Practica decir "no" con confianza, como si realmente lo sintieras.

Habla con alguien en quien confíes

Ya sea un padre, maestro o consejero, hablar con alguien en quien confíes puede ayudarte a navegar situaciones difíciles y tomar mejores decisiones.

Evita situaciones peligrosas

Si te encuentras en una situación que te resulta insegura o incómoda, aléjate de ella lo más rápido posible.

Usa el humor

A veces, usar el humor puede disipar una situación tensa y ayudarte a defenderte sin ser confrontativo.

Practica el autocuidado

Cuidar de tu cuerpo y emociones puede ayudarte a sentirte más seguro y mejor preparado para enfrentar situaciones difíciles.

No te vengues

Si alguien te está acosando, es importante no vengarse con violencia o agresión. En su lugar, trata de mantenerte tranquilo y busca ayuda de un adulto de confianza.

Recuerda que no es tu culpa

Nadie merece ser acosado o presionado para hacer algo que no quiere hacer. Recuerda que no es tu culpa y busca apoyo en quienes te rodean.

Haciendo amigos

Cómo hacer amigos

Hacer amigos como adolescente puede ser difícil, especialmente si estás comenzando en una nueva escuela o intentando salir de tu zona de confort. Pero no te preocupes, hay muchas cosas que puedes hacer para establecer nuevas conexiones y construir amistades duraderas. Compartiré 11 consejos sobre cómo hacer amigos siendo adolescente. Estos consejos van desde unirse a un club o grupo hasta usar las redes sociales para conectarse con otros. Entonces, comencemos y descubramos cómo puedes hacer nuevos amigos.

Sé tú mismo

Siempre recuerda ser tú mismo. No intentes ser alguien que no eres solo para encajar.

Sonríe y sé amigable

Una sonrisa amistosa realmente puede ayudar a que alguien se sienta bienvenido y cómodo a tu alrededor. Sé amable y accesible.

Únete a un club o grupo

Unirte a un club o grupo puede ser una excelente manera de hacer amigos que amen las mismas cosas que tú.

Haz trabajo voluntario

Ofrecer tu tiempo de forma gratuita es una buena manera de conocer gente nueva y, al mismo tiempo, devolver algo a tu comunidad.

Asiste a eventos escolares

Ya sea un baile escolar o un partido de fútbol, asistir a eventos escolares es una excelente manera de conocer gente nueva.

Inicia una conversación

¡No seas tímido! Comienza a hablar con alguien que no conoces. Pregunta sobre sus intereses o pasatiempos.

Ser un buen oyente

Cuando alguien te hable, escucha atentamente para que sepan que estás interesado en lo que tienen que decir.

Muestra interés en los demás

Haz preguntas y muestra un interés genuino en los demás. A las personas les encanta hablar de sí mismas.

Trata a las personas como te gustaría que te traten a ti.

¡La amabilidad es una de nuestras grandes fortalezas!

No tengas miedo de ser vulnerable

Abrirse a los demás puede ayudar a construir confianza y profundizar las amistades.

Ten paciencia

Construir amistades lleva tiempo, así que ten paciencia y no te rindas si no sucede de la noche a la mañana.

Ser un buen amigo

Ser adolescente puede ser un desafío, y tener buenos amigos que te apoyen puede marcar la diferencia. Pero, no se trata solo de tener amigos, sino también de ser un buen amigo tú mismo. Entonces, ya sea que estés buscando fortalecer tus amistades actuales o construir nuevas, estos consejos te ayudarán a ser el mejor amigo que puedas ser. ¡Vamos a ver!

Ser digno de confianza: Una de las cosas más importantes en cualquier amistad es la confianza. Sé honesto y cumple tus promesas.

Ser un buen oyente: Cuando tu amigo te hable, escucha realmente lo que está diciendo. Muestra que te importa y que estás ahí para ellos.

Ser solidario: Tus amigos pueden pasar por momentos difíciles, y es importante estar ahí para ellos. Ofrece apoyo y aliento cuando lo necesiten.

Ser respetuoso: Respeta los límites y opiniones de tus amigos, incluso si difieren de los tuyos. Muestra que valoras sus pensamientos y sentimientos.

Ser inclusivo: Incluye a tus amigos en tus planes y actividades. No dejes a nadie fuera ni hagas que nadie se sienta excluido.

Ser confiable: Sé alguien en quien tus amigos puedan confiar. Si dices que harás algo, cumple con ello.

Ser divertido: La risa es a menudo el mejor remedio, así que sé alguien que lleve alegría y diversión a la vida de tus amigos.

Ser comprensivo: Todos cometen errores, y es importante ser comprensivo y comprender cuando tus amigos se equivoquen.

Comunicarse abiertamente: Sé abierto y sincero con tus amigos. Si algo te molesta, habla de ello con calma y respeto.

No vivas en el pasado. Es mejor mirar hacia adelante y mantenernos lo más positivos posible.
No quemes tus puentes.

Un poco de amabilidad llega muy lejos. Ser amable puede cambiar el mundo para las personas que conoces.

Haz tiempo para tus amigos. Pregúntales cómo están y ofrécete a ayudarlos siempre que puedas.

Recuerda, ser un buen amigo requiere esfuerzo y práctica, pero las recompensas de las amistades sólidas y de apoyo valen la pena. Entonces, pon en práctica estos consejos y sé el mejor amigo que puedas ser.

Establecer límites y decir no

Como adolescente, puede ser fácil sentir que necesitas decir sí a todo para encajar o ser querido por los demás. Sin embargo, es importante que los adolescentes sean capaces de establecer límites y decir no. Aquí te explicamos por qué:

Proteger tu salud física y mental

Decir sí a todo no es la mejor idea, ya que puede causarte estrés. Al establecer límites y decir no, puedes proteger tu salud física y mental.

Desarrollar relaciones saludables

Ser capaz de establecer límites y decir no es una señal de autorespeto y demuestra que valoras tus propias necesidades y sentimientos. Esto puede llevar a relaciones más saludables basadas en el respeto mutuo.

Construir autoestima y confianza

Decir no puede ser difícil, pero es importante que los adolescentes desarrollen la confianza y la autoestima para defenderse cuando sea necesario.

Evitar situaciones riesgosas

A veces, decir no puede ser una forma de evitar situaciones riesgosas o peligrosas. Es importante que los adolescentes sean capaces de decir no si se sienten incómodos o inseguros.

Aprender habilidades importantes para la vida

Establecer límites y decir no son habilidades importantes para la vida que los adolescentes utilizarán a lo largo de sus vidas, ya sea en la escuela, el trabajo o las relaciones personales.

Establecer límites y decir no son habilidades importantes que debes desarrollar. Puede ayudarte a proteger tu salud física y mental, construir relaciones saludables, desarrollar autoestima y confianza, evitar situaciones riesgosas y aprender habilidades importantes para la vida.

Cuándo está bien terminar una amistad

Como adolescente, las amistades pueden ser una parte importante de tu vida, pero a veces puede ser necesario decir adiós a una amistad. Aquí hay algunas situaciones en las que puede estar bien decir adiós a una amistad:

Falta de confianza: La confianza es un componente clave de cualquier amistad saludable. Si descubres que no puedes confiar en tu amigo o él/ella rompe constantemente tu confianza, puede ser hora de decir adiós.

Influencia negativa: Si un amigo se involucra constantemente en comportamientos dañinos o negativos, puede ser mejor alejarte de esa amistad.

Valores diferentes: A medida que creces y maduras, tus valores pueden cambiar. Si descubres que tus valores y creencias ya no coinciden con los de tu amigo, puede ser hora de seguir adelante.

¿Es irreparable? Si hay problemas en la amistad que has intentado resolver pero no puedes solucionar, puede ser hora de decir adiós.

Toxicidad: Si una amistad es constantemente negativa, agotadora o incluso abusiva, es importante priorizar tu propio bienestar y decir adiós.

Es importante recordar que decir adiós a una amistad puede ser una decisión difícil, pero a veces es necesario para tu propio crecimiento personal y bienestar. Puedes terminar amistades que ya no te sirven y enfocarte en construir relaciones con personas que te apoyan y te elevan.

Hogar

Helping your family and doing chores around the house as a teenager is important for several reasons.

Contribuir al hogar

Cuando todos en la familia colaboran con las tareas, hace que la carga de trabajo sea más llevadera para todos. Al hacer tu parte, estás contribuyendo a una dinámica familiar positiva y ayudando a crear un espacio de vida limpio y cómodo para todos.

Mostrar aprecio

Al hacer las tareas, estás mostrando a tu familia que aprecias el trabajo que hacen para mantener el hogar funcionando sin problemas. Esto puede crear un sentido de gratitud y respeto dentro de la familia y ayudar a fortalecer sus relaciones entre sí.

Mejorar tu salud mental

Mantener tu espacio de vida limpio y organizado te hace sentir mejor. Los estudios han demostrado que vivir en un ambiente desordenado puede causarte ansiedad, mientras que un espacio limpio y organizado puede promover una sensación de calma y bienestar.

Ser un buen ejemplo

Al tomar la iniciativa y hacer tus tareas sin que te lo pidan, estás dando un buen ejemplo a tus hermanos y otros miembros de la familia. Esto puede ayudar a crear una cultura familiar positiva en la que todos asumen la responsabilidad de sus acciones y contribuyen al hogar.

Hacer que las tareas del hogar sean divertidas

Hacer que las tareas del hogar sean divertidas puede parecer poco probable, pero definitivamente hay formas de hacerlas menos aburridas e incluso agradables.

Sube el volumen de la música

Pon tu música favorita y sube el volumen. Esto puede ayudarte a entrar en un ritmo y hacer que la tarea pase más rápido. Incluso puedes crear una lista de reproducción específica para hacer las tareas.

Convertirlo en un juego

Convierte las tareas en un juego estableciendo metas y dándote recompensas por completarlas. Por ejemplo, podrías poner un temporizador e intentar terminar una tarea antes de que se acabe el tiempo, o podrías desafiarte a ti mismo - ¿cuántos platos puedes lavar en cierto tiempo? ¿Puedes terminar todas tus tareas en 20 minutos? ¡Pon un temporizador y averígualo!

Consigue un compañero de tareas

Hacer las tareas con un amigo o familiar puede hacer que se sientan menos tediosas. Pueden charlar, bromear o incluso competir entre sí para ver quién termina sus tareas primero.

Conviértelo en un entrenamiento

Algunas tareas, como pasar la aspiradora o fregar la bañera, en realidad pueden ser un buen ejercicio. Intenta abordar estas tareas con una mentalidad de "vamos a hacer ejercicio" y ve si puedes sudar mientras limpias.

Añade creatividad

Puedes hacer las tareas más interesantes añadiendo un toque creativo a ellas. Por ejemplo, si estás quitando el polvo, desafíate a ti mismo a organizar los objetos de una manera divertida o única. O si estás doblando la ropa, ve si puedes idear una nueva técnica de doblado.

Una vida sin regaños

Puede ser difícil si sientes que tus padres te regañan constantemente por las tareas del hogar, pero hay algunas cosas que puedes intentar para mejorar la situación.

En primer lugar, es importante entender que tus padres probablemente solo están tratando de enseñarte responsabilidad y ayudarte a desarrollar buenos hábitos para cuando seas mayor. Sin embargo, los regaños constantes pueden ser frustrantes, así que aquí hay algunos consejos que podrían ayudar:

Toma la iniciativa

Intenta hacer tus tareas antes de que tus padres te lo pidan. Esto les mostrará que eres responsable y no necesitas recordatorios constantes. Si tienes un horario regular de tareas, asegúrate de cumplirlo de manera constante.

Comunicarse

Habla con tus padres. Diles que entiendes la importancia de hacer las tareas, pero que los regaños constantes te hacen sentir frustrado. Pregúntales si hay cosas específicas en las que les gustaría que mejoraras y trabaja en ellas de manera proactiva.

Negociar

Si sientes que te están abrumando con demasiadas tareas, intenta negociar con tus padres. Ofrece hacer algunas tareas extras un día si te dan un descanso otro día. Intenta encontrar un compromiso que funcione para ambos.

Ser respetuoso

Recuerda que tus padres están haciendo todo lo posible para ayudarte a convertirte en un adulto responsable. Aunque no estés de acuerdo con sus métodos, trata de ser respetuoso y entender que vienen desde un lugar de amor.

En resumen, tomar la iniciativa, comunicarse, negociar y ser respetuoso pueden ayudar a reducir los regaños de tus padres acerca de las tareas del hogar.

Consejos para limpiar la habitación

Todos tenemos vidas ocupadas, y como adolescente, es fácil quedar atrapado en el trabajo escolar, los pasatiempos y la vida social. Pero es importante mantener tu habitación limpia y organizada. No solo una habitación ordenada se ve mejor, sino que también puede ayudarte a sentirte más relajado y concentrado. Implicará un poco de trabajo de tu parte, pero estas tareas son rápidas y fáciles de hacer, y pueden marcar una gran diferencia en la apariencia y el ambiente de tu habitación. Aquí hay algunas ideas para mantener tu habitación limpia y organizada:

Haz tu cama

Hacer la cama todas las mañanas es una forma rápida y fácil de comenzar el día con el pie derecho. También hace que tu habitación se vea instantáneamente más ordenada y arreglada.

Quitar el polvo de las superficies

El polvo se puede acumular rápidamente en superficies como estantes, escritorios y tocadores. Tomarse unos minutos para quitar el polvo de estas superficies regularmente puede ayudar a mantener tu habitación limpia y fresca.

Aspirar o barrer

Dependiendo del tipo de piso en tu habitación, es posible que necesites aspirar o barrer regularmente para mantenerlo limpio. Esto es especialmente importante si tienes alfombra, ya que el polvo y la suciedad pueden quedar atrapados rápidamente en las fibras.

Lavandería

Mantener tu ropa sucia fuera del suelo y en un cesto puede ayudar a mantener tu habitación oliendo fresco y luciendo ordenado. También puedes hacerte responsable de lavar y doblar tu propia ropa si puedes hacerlo.

Ordenar

Revisar tus pertenencias regularmente y desechar cualquier cosa que ya no necesites, puede ayudar a mantener tu habitación organizada y libre de desorden.

Limpiar las superficies

Es una buena idea limpiar regularmente superficies como mostradores, espejos y ventanas para mantenerlos limpios y sin manchas ni huellas dactilares.

Organizar tu clóset

Mantener tu ropa y accesorios organizados en tu clóset puede facilitar encontrar lo que estás buscando y mantener tu habitación ordenada.

8 trucos de limpieza del hogar

Aquí tienes 8 trucos de limpieza del hogar para que la limpieza sea un poco más fácil y eficiente.

Usa un temporizador: Configurar un temporizador de 10 a 15 minutos puede ayudarte a mantenerte enfocado y motivado mientras limpias. También te ayuda a dividir la limpieza en tareas más pequeñas para que no se sienta abrumador.

Crea una lista de reproducción para limpiar: Escuchar música puede hacer que la limpieza sea más divertida y agradable. Crea una lista de reproducción de tus canciones favoritas y animadas para escuchar mientras limpias.

Usa vinagre y bicarbonato de sodio para manchas difíciles: Si tienes una mancha difícil en una superficie, intenta mezclar partes iguales de vinagre y bicarbonato de sodio en una pasta. Aplica la pasta sobre la mancha y espera unos minutos antes de limpiarla con un paño. Esto puede funcionar de maravilla en todo, desde manchas en alfombras hasta suciedad en la bañera.

Limpia tu microondas con limón: Si tu microondas se ve un poco desgastado, intenta cortar un limón por la mitad y calentarlo en el microondas durante unos minutos. El vapor del limón puede ayudar a aflojar la suciedad o los alimentos pegados, lo que facilita limpiarlos con un paño.

Limpia tu regadera con vinagre: Si tu regadera está obstruida con depósitos minerales, intenta llenar una bolsa de plástico con vinagre y sujetarla a la regadera con una banda elástica. Déjala reposar durante unas horas antes de quitar la bolsa y encender la regadera para enjuagar el vinagre y los depósitos minerales restantes.

Usa un rodillo quitapelusas en las pantallas de las lámparas: Las pantallas de las lámparas pueden acumular rápidamente polvo y pelo de mascotas, lo que las hace lucir desgastadas. Intenta usar un rodillo quitapelusas para quitar rápidamente los escombros de la superficie de la pantalla.

Limpia las persianas con un calcetín: En lugar de luchar por limpiar tus persianas con un plumero tradicional o un paño, intenta usar un calcetín limpio. Desliza el calcetín en tu mano y pasa la mano por cada lámina individual para eliminar el polvo o los escombros.

Usa un cepillo de dientes para áreas difíciles de alcanzar: Si tienes un área difícil de alcanzar que se ve un poco sucia, intenta usar un cepillo de dientes para eliminar la suciedad o la mugre. Esto funciona especialmente bien en áreas como la lechada, que puede ser difícil de limpiar con un paño tradicional.

Cómo cambiar un foco

Cambiar un foco puede parecer una tarea pequeña, pero es una que puede ser útil en cualquier momento. Aquí están los pasos a seguir:

Apaga la corriente: Antes de comenzar, asegúrate de que el interruptor de la luz esté apagado y la corriente de la lámpara esté desconectada. Esto evitará que te electrocutes al cambiar el foco.

Deja enfriar el foco: Si la lámpara se encendió recientemente, espera unos minutos para que el foco se enfríe antes de intentar quitarlo. Los focos calientes pueden ser frágiles y romperse fácilmente al manipularlos.

Quita el foco viejo: Si el foco es del tipo de rosca, gíralo suavemente en sentido antihorario para soltarlo del casquillo. Si el foco es del tipo de presión, empuja suavemente el foco hacia adentro y gíralo en sentido antihorario hasta que se desprenda del casquillo.

Verifica la potencia: Antes de instalar el nuevo foco, verifica la potencia del foco antiguo para asegurarte de que lo estás reemplazando con la potencia correcta. Usar un foco con una potencia demasiado alta puede ser un riesgo de incendio.

Instala el nuevo foco: Inserta suavemente el nuevo foco en el casquillo y gíralo en sentido horario hasta que quede ajustado en su lugar.

Vuelve a encender la corriente: Cuando el nuevo foco esté colocado, vuelve a encender la corriente y prueba la luz para asegurarte de que funcione correctamente.

¡Y eso es todo! Cambiar un foco es una tarea sencilla que se puede hacer rápidamente y fácilmente con un poco de precaución y conocimientos.

Alarmas de humo

Una alarma de humo es una característica de seguridad esencial que puede salvar tu vida en caso de un incendio. Está diseñada para detectar humo y alertarte sobre el peligro, dándote tiempo para evacuar el edificio y pedir ayuda. Las alarmas de humo son especialmente importantes por la noche cuando estás durmiendo y es posible que no puedas oler el humo de un incendio.

Para revisar tu alarma de humo, sigue estos sencillos pasos:

Presiona el botón de prueba: La mayoría de las alarmas de humo tienen un botón de prueba que puedes presionar para verificar si la alarma funciona correctamente. Presiona y mantén presionado el botón hasta que escuches el sonido de la alarma.

Escucha el sonido de la alarma: Si escuchas el sonido de la alarma, entonces la alarma está funcionando correctamente. Si la alarma no suena, intenta cambiar la batería y pruébala de nuevo. Si aún no funciona, es posible que necesites reemplazar toda la alarma de humo.

Prueba las baterías: Si tu alarma de humo utiliza baterías, es importante probarlas regularmente y reemplazarlas según sea necesario. Algunas alarmas emitirán un pitido para informarte cuando las baterías se estén agotando, pero es buena idea revisarlas manualmente cada seis meses aproximadamente.

Recuerda, las alarmas de humo son una característica de seguridad importante que puede ayudar a proteger a ti y a tu familia en caso de incendio. Al revisar tu alarma de humo regularmente y reemplazar las baterías según sea necesario, puedes garantizar que funcione correctamente y te brinde la protección que necesitas. Saber cómo revisar una alarma de humo podría salvarte la vida algún día.

Pasatiempos

Un pasatiempo puede cambiar tu vida. ¡Hablo en serio! Lo que comienza como un pasatiempo puede terminar como una carrera profesional que amas.

Fotografía

Muchas personas disfrutan tomar fotos como pasatiempo, pero algunas lo persiguen como carrera. Los fotógrafos profesionales pueden trabajar en diversos campos, como fotografía de bodas, fotografía de moda o fotoperiodismo.

Escritura

La escritura puede ser un pasatiempo que se convierte en una carrera exitosa para muchas personas. Ya sea escribir novelas, libros de no ficción o guiones, aquellos que tienen pasión por escribir a menudo pueden convertirla en una carrera como escritor o autor.

Cocina

Algunas personas que aman cocinar como pasatiempo lo convierten en una carrera como chef o restaurador. Pueden asistir a una escuela culinaria o trabajar en la industria alimentaria, eventualmente abriendo su propio restaurante.

Acondicionamiento físico

Muchas personas apasionadas por el acondicionamiento físico lo convierten en una carrera como entrenador personal o instructor de fitness. Pueden comenzar enseñando clases en un gimnasio o trabajando con clientes individualmente, y eventualmente construir su propio negocio exitoso de fitness.

Música

Algunas personas que disfrutan tocando música como pasatiempo lo persiguen como carrera. Pueden convertirse en músicos profesionales, maestros de música o trabajar en la industria musical de otras maneras, como producción musical o ingeniería de audio.

Estas son algunas ideas de pasatiempos que pueden convertirse en carreras exitosas. La clave es encontrar algo que te apasione y perseguirlo con dedicación y trabajo duro. Quién sabe, tu pasatiempo podría convertirse en el trabajo de tus sueños.

También puedes convertir tu pasatiempo de adolescente en un excelente trabajo de medio tiempo o en un trabajo en el extranjero. ¿Te encanta esquiar? Consigue un trabajo de invierno como instructor de esquí cuando seas mayor. ¿Te gusta montar a caballo?

Consigue un trabajo de medio tiempo enseñando en una escuela de equitación local mientras estás en la universidad.

Los pasatiempos pueden ayudarte a ser más creativo y a expresarte de maneras nuevas y emocionantes. Ya sea pintar, escribir o tocar música, tener un pasatiempo puede ayudarte a explorar tu potencial creativo y liberar tu imaginación.

Un pasatiempo puede proporcionar una sensación de logro y aumentar enormemente tu confianza. Los pasatiempos pueden darte un sentido de propósito y logro. Cuando te fijas metas y trabajas hacia ellas, puedes experimentar una gran sensación de satisfacción y orgullo cuando las alcanzas.

Los pasatiempos pueden ser una excelente manera de relajarse y desestresarse después de un largo día. Pueden ayudarte a relajarte, despejar tu mente y olvidarte de tus preocupaciones por un tiempo. Los pasatiempos también pueden ayudarte a adquirir nuevas habilidades y mejorar las existentes. Ya sea aprender un nuevo idioma, dominar un instrumento musical o desarrollar tus habilidades culinarias, los pasatiempos pueden ayudarte a desarrollar tus talentos y habilidades.

Muchos pasatiempos implican conectarse con otros que comparten intereses similares. Unirse a un club o grupo relacionado con tu pasatiempo puede ayudarte a conocer nuevas personas y hacer nuevos amigos.

Cuando sobresales en un pasatiempo o logras una meta que te has fijado, puede aumentar tu autoconfianza y autoestima. Esto puede traducirse en otras áreas de tu vida, como la escuela o el trabajo. Los pasatiempos también pueden ser una manera saludable de canalizar tu energía y emociones. En lugar de recurrir a salidas negativas, como las drogas o el alcohol, los pasatiempos pueden proporcionar una forma positiva y gratificante de pasar tu tiempo.

Encuentra un pasatiempo que disfrutes

Veamos cómo puedes encontrar un pasatiempo que disfrutes.

Prueba cosas nuevas: Está abierto a probar nuevas actividades que no hayas hecho antes. Ya sea un nuevo deporte, forma de arte o instrumento musical, explorar cosas nuevas puede ayudarte a encontrar lo que te apasiona.

Busca inspiración: Busca en tus modelos a seguir o personas que admires para inspirarte. ¿Qué pasatiempos disfrutan? ¿Qué hacen fuera del trabajo o la escuela? Puedes encontrar algo que te interese siguiendo su ejemplo.

Explora tus intereses: Piensa en las cosas que disfrutas haciendo o aprendiendo. Por ejemplo, si te encanta leer, podrías disfrutar escribir o unirte a un club de lectura. Si disfrutas estar al aire libre, podrías disfrutar de senderismo o jardinería.

Considera tu personalidad: Piensa en qué tipo de actividades se alinean con tu personalidad. Si eres introvertido, podrías disfrutar de pasatiempos como leer o jugar videojuegos. Si eres extrovertido, podrías disfrutar de deportes en equipo o actuar.

Únete a un club o grupo: Unirte a un club o grupo relacionado con tus intereses puede ayudarte a conocer nuevas personas y descubrir nuevos pasatiempos. Podrías encontrar una nueva pasión al conectar con otros que comparten intereses similares.

Busca en línea: Hay muchos recursos en línea que pueden ayudarte a encontrar nuevos pasatiempos. Sitios web como Meetup.com, por ejemplo, pueden conectarte con grupos y eventos locales relacionados con tus intereses.

Experimenta: No tengas miedo de probar diferentes pasatiempos y actividades hasta que encuentres algo que disfrutes. Puede que te lleve un tiempo encontrar el adecuado, pero el viaje puede ser igual de gratificante que el destino.

Recuerda, los pasatiempos son una excelente manera de explorar tus intereses y pasiones, conocer nuevas personas y adquirir habilidades. Encontrar un pasatiempo que disfrutes puede ser una búsqueda de por vida, así que no tengas miedo de seguir probando cosas nuevas hasta que encuentres el adecuado para ti.

Comida, cocina y hábitos de alimentación saludable

Siendo adolescente, es posible que hayas escuchado la frase "eres lo que comes". ¡Es cierto! Lo que comes puede afectar tu salud, tus niveles de energía e incluso tu estado de ánimo. Por eso, todos necesitamos aprender a cocinar y comer alimentos saludables. No te preocupes, ¡es bastante fácil! De hecho, cocinar puede ser muy divertido y también puedes ser muy creativo. Además, cuando cocinas tus propias comidas, puedes elegir los ingredientes y asegurarte de que sean saludables y deliciosos. Entonces, sumérgete y aprende sobre la cocina y la alimentación saludable.

Compras en el supermercado

Como adolescente, podrías estar comenzando a tomar más responsabilidad en tus propias comidas y compras en el supermercado. Puede ser abrumador navegar por los pasillos de la tienda de comestibles y tomar decisiones saludables, especialmente si tienes un presupuesto limitado. Por eso, he reunido 9 consejos para ayudarte a aprovechar al máximo tus viajes de compras al supermercado. Siguiendo estos consejos, puedes ahorrar dinero, tomar decisiones saludables e incluso disfrutar del proceso de comprar alimentos.

Planea tus comidas con anticipación: Antes de ir al supermercado, tómate un tiempo para planificar tus comidas para la semana. Esto te ayudará a saber exactamente qué ingredientes necesitas comprar y también evitará que compres elementos innecesarios.

Haz una lista: Una vez que hayas planeado tus comidas, haz una lista de compras. Esto te ayudará a mantenerte organizado y enfocado mientras estás en la tienda.

Mantente en el perímetro: En general, los alimentos más saludables se encuentran alrededor del perímetro de la tienda de comestibles. Esto incluye productos frescos, lácteos y carne. Intenta ceñirte a estas áreas tanto como sea posible.

Lee las etiquetas: Cuando compres alimentos empaquetados, asegúrate de leer las etiquetas. Busca alimentos bajos en azúcar, sodio y grasas saturadas.

Compra a granel: Comprar a granel puede ser una excelente manera de ahorrar dinero, especialmente si compras productos básicos como arroz o frijoles.

Elige productos frescos: Siempre que sea posible, elige productos frescos en lugar de enlatados o congelados. Las frutas y verduras frescas suelen ser más nutritivas y sabrosas.

Evita los alimentos procesados: Los alimentos procesados, como las papas fritas y los refrescos, suelen tener muchas calorías, azúcar y sodio. Intenta evitarlos tanto como sea posible.

No compres cuando tengas hambre: Comprar cuando tienes hambre puede llevar a compras impulsivas y elecciones poco saludables. Asegúrate de comer un bocadillo o una comida antes de ir a la tienda.

Respeta tu presupuesto: Establece un presupuesto para tus compras en el supermercado e intenta cumplirlo. Esto te ayudará a evitar gastos excesivos y asegurarte de tener suficiente dinero para otras cosas que necesites.

Trucos para el refrigerador

Mantener tu refrigerador organizado y limpio es una parte importante para mantener una cocina saludable y eficiente. Un refrigerador desordenado puede provocar desperdicio de comida y dificultar encontrar lo que buscas. Además, un refrigerador sucio puede albergar bacterias y olores que pueden afectar la frescura de tus alimentos. Entonces, he reunido estos útiles trucos de organización y limpieza del refrigerador para ayudarte a mantener el refrigerador de tu familia en óptimas condiciones. Siguiendo estos consejos, puedes ahorrar dinero, reducir el desperdicio de alimentos y asegurarte de que tus alimentos se mantengan frescos y seguros para comer.

Mantén una sección de "usar primero": Designa una sección de tu refrigerador para los artículos que deben usarse pronto, como sobras o productos que estén empezando a echarse a perder. Esto ayudará a prevenir el desperdicio de alimentos y garantizar que estés comiendo la comida más fresca posible.

Usa recipientes transparentes: Invierte en recipientes transparentes para almacenar tus alimentos. Esto facilitará ver qué hay dentro y te ayudará a evitar olvidar las sobras.
Revisa las fechas en tus alimentos. Tira todo lo que esté vencido.

Limpia los derrames de inmediato: Si derramas algo en tu refrigerador, asegúrate de limpiarlo de inmediato. Esto evitará que las bacterias crezcan y mantendrá tu refrigerador oliendo fresco.

Usa bicarbonato de sodio: Colocar una caja abierta de bicarbonato de sodio en tu refrigerador puede ayudar a absorber los olores y mantenerlo oliendo fresco.

Rota tus alimentos: Cuando traigas comestibles a casa, asegúrate de rotar los artículos más antiguos al frente para que se usen primero. Esto puede ayudar a prevenir el desperdicio de alimentos y garantizar que estés comiendo la comida más fresca posible.

Limpia a fondo tu refrigerador regularmente: Es importante limpiar a fondo tu refrigerador cada pocos meses para evitar la acumulación de bacterias y olores. Vacia todo, limpia las repisas y paredes con un limpiador suave y desecha los artículos vencidos o viejos.

Alimentación saludable

Como adolescente, es importante tomar decisiones saludables en cuanto a lo que comes. Tu cuerpo aún está creciendo y desarrollándose, y los alimentos que eliges comer pueden tener un gran impacto en tu salud tanto ahora como en el futuro. Desde mejorar tu salud física hasta establecer una base para un futuro más saludable, hay muchos beneficios al tomar decisiones saludables en cuanto a lo que comes. Entonces, vamos a sumergirnos y explorar algunas de las razones por las que una dieta saludable es tan importante para ti.

1. Mejor salud física: Comer una dieta equilibrada y nutritiva puede ayudarte a mantener un peso saludable, mejorar tu sistema inmunológico y reducir tu riesgo de desarrollar enfermedades crónicas como diabetes y enfermedades del corazón.

2. Mayor energía y concentración: Comer una dieta saludable puede proporcionar a tu cuerpo los nutrientes necesarios para mantenerte energizado y concentrado durante el día.

3. Mejor estado de ánimo: Comer una dieta saludable puede mejorar tu estado de ánimo y reducir los sentimientos de ansiedad y depresión.

4. Mejor rendimiento atlético: Comer una dieta rica en nutrientes puede ayudarte a rendir mejor en deportes y otras actividades físicas.

5. Mejor sueño: Comer una dieta saludable puede mejorar la calidad de tu sueño y ayudarte a despertar sintiéndote renovado.

6. Mejor salud de la piel: Comer una dieta rica en frutas y verduras puede mejorar la salud de tu piel y reducir el riesgo de acné y otros problemas de la piel.

7. Mejor digestión: Comer una dieta rica en fibra puede mejorar tu digestión y ayudar a evitar problemas digestivos.

8. Establecer una base saludable para el futuro: Al desarrollar hábitos alimenticios saludables como adolescente, puedes establecer una base para una vida de hábitos alimenticios saludables y un futuro más saludable en general.

Ideas de comidas fáciles para adolescentes

Como adolescente, puede ser difícil encontrar ideas de comidas que sean fáciles de hacer y deliciosas. Aquí hay 8 ideas para comenzar:

Quesadillas

Toma algunas tortillas, queso y cualquier otro relleno que te guste (como pollo, verduras o frijoles) y cocínalos en un sartén para una comida rápida y sabrosa.

Pasta con salsa marinara

Cocina tu pasta favorita y sírvela con salsa marinara comprada en la tienda o casera para una comida fácil y satisfactoria.

Salteado

Mezcla algunas verduras, proteínas (como pollo, carne de res o tofu) y arroz o fideos en un wok o sartén para una comida rápida y saludable.

Sándwiches

Rellena un pan con tus ingredientes favoritos (como pavo, queso, lechuga y tomate) para una comida rápida y fácil.

Tacos

Cocina carne molida o pollo y rellena algunas tortillas con todos tus ingredientes favoritos para tacos, para una comida divertida y fácil.

Sándwich de queso a la parrilla

Prepara un sándwich clásico de queso a la parrilla derritiendo queso entre dos rebanadas de pan en un sartén o plancha.

Tazones de batido

Licúa fruta congelada, yogur y leche para hacer un batido, luego cúbrelo con granola, nueces y fruta fresca para una comida deliciosa y saludable.

Papas al horno

Hornea una papa en el horno o microondas y agrégale tus ingredientes favoritos (como queso, crema agria y cebollinos) para una comida fácil y satisfactoria.

Todas estas comidas son fáciles de preparar y se pueden personalizar con tus ingredientes favoritos, ¡así que no tengas miedo de ser creativo!

Planificar y cocinar una comida

Planificar y cocinar una comida como adolescente puede ser una experiencia divertida y gratificante. Aquí hay algunos consejos para ayudarte a comenzar:

Elige una receta: Escoge una receta que suene deliciosa y que te sientas cómodo haciendo. Puedes encontrar recetas en línea, en libros de cocina o incluso preguntar a tu familia o amigos por recomendaciones.

Haz una lista de compras: Una vez que tengas tu receta, haz una lista de todos los ingredientes que necesitarás. Asegúrate de revisar tu despensa y refrigerador primero para ver qué ya tienes a mano.

Ve de compras: Ve a la tienda de comestibles y compra todo lo que está en tu lista. Si no estás seguro de dónde encontrar algo, no tengas miedo de pedir ayuda a un empleado.

Prepara tus ingredientes: Antes de comenzar a cocinar, toma un tiempo para preparar tus ingredientes. Lava y pica las verduras, mide tus especias y ten todos tus ingredientes listos.

Sigue la receta: Sigue la receta cuidadosamente y no tengas miedo de pedir ayuda si no estás seguro de algo. Tómate tu tiempo y lee la receta antes de comenzar a cocinar.

Cocina tu comida: Usa un temporizador para ayudarte a llevar un registro de los tiempos de cocción y no tengas miedo de probar tu comida mientras la preparas para asegurarte de que esté saliendo como quieres.

Sirve y disfruta: Una vez que tu comida esté lista, sírvela y disfrútala con tu familia o amigos. ¡Felicítate por un trabajo bien hecho!

Recuerda, cocinar es una habilidad que requiere práctica, así que no te desanimes si tus primeras comidas no salen perfectas. ¡Solo sigue intentándolo y diviértete!

Modales en la mesa para adolescentes

Tener buenos modales en la mesa es importante por varias razones. Saber cómo comportarse en la mesa te puede dar confianza en situaciones sociales y hacerte sentir más cómodo con los demás. Los buenos modales en la mesa demuestran respeto hacia quienes te rodean, incluyendo a tu familia, amigos y otros invitados. Esto demuestra que eres considerado con los demás y sus necesidades. En algunas situaciones, como entrevistas de trabajo o reuniones de negocios, los buenos modales en la mesa pueden causar una impresión positiva en los demás y demostrar que eres profesional y capaz. Los buenos modales en la mesa son una parte importante de la etiqueta social y pueden tener un impacto positivo en tu vida personal y profesional. ¡No hay nada peor que sentarse al lado de alguien que habla y escupe su comida en tu plato! Aquí hay algunos consejos para comenzar.

Usa utensilios: Usa un tenedor, cuchillo y cuchara para comer tu comida, en lugar de tus dedos. Si no estás seguro de qué utensilio usar, comienza por los utensilios más externos y avanza hacia adentro.

Mantén tus codos fuera de la mesa: Apoyar tus codos en la mesa mientras comes se considera de mala educación. Mantén tus brazos y manos en tu regazo o sobre la mesa.

Mastica con la boca cerrada: Evita hablar con la boca llena y asegúrate de masticar la comida con la boca cerrada.

Come bocados pequeños: Tomar bocados más pequeños de comida te ayudará a masticar y tragar más fácilmente.

Espera tu turno para hablar: No interrumpas a los demás mientras están hablando y espera tu turno para hablar.

Di por favor y gracias: Recuerda decir "por favor" al pedir algo y "gracias" al recibirlo.

No te estires sobre los demás: Si necesitas algo que está fuera de tu alcance, pide educadamente a alguien que te lo pase en lugar de estirarte sobre ellos.

Ofrece ayuda: Cuando termine la comida, ofrece ayudar a recoger los platos o limpiar la mesa.

Vitaminas y suplementos

Es importante tener una dieta equilibrada y nutritiva que proporcione todas las vitaminas y minerales necesarios. Sin embargo, puede haber algunas situaciones en las que tomar vitaminas puede ser beneficioso. Aquí hay algunos ejemplos:

Deficiencias de nutrientes: Si un adolescente tiene una deficiencia de nutrientes, como niveles bajos de hierro o vitamina D, tomar vitaminas puede ser necesario para complementar su dieta.

Dietas restringidas: Si un adolescente sigue una dieta restringida, como una dieta vegana o vegetariana, puede necesitar tomar vitaminas para asegurarse de que está obteniendo suficientes nutrientes que se encuentran principalmente en productos animales.

Deportes y actividad física: Los adolescentes que practican deportes o actividad física intensiva pueden necesitar tomar vitaminas para apoyar sus mayores necesidades de nutrientes y ayudar en la recuperación.

Condiciones de salud: Los adolescentes con ciertas condiciones de salud, como la enfermedad celíaca o la enfermedad de Crohn, pueden tener dificultades para absorber ciertas vitaminas y podrían necesitar tomar suplementos para asegurarse de que están obteniendo suficiente.

En general, lo mejor para los adolescentes es obtener sus vitaminas y minerales a través de una dieta equilibrada y variada. Sin embargo, en ciertas situaciones, tomar vitaminas puede ser necesario para apoyar su salud y bienestar en general. Debes hablar con una enfermera o médico antes de comenzar a tomar vitaminas o suplementos.

Ejercicio y salud

Encontrar un nuevo deporte como adolescente puede ser una experiencia emocionante y gratificante. Aquí hay algunas formas de encontrar un deporte que disfrutes:

1. Busca diferentes deportes en línea o en una tienda deportiva para ver cuál te llama la atención. Lee sobre las reglas, requisitos y equipo necesario para cada deporte.
2. Averigua qué clubes locales hay en tu área. Tal vez puedas encontrar un club local de tenis, rugby, fútbol, bádminton, béisbol o atletismo.
3. Pregunta a tus amigos qué deportes practican y si te recomiendan alguno. Puedes descubrir un nuevo interés que ambos disfruten juntos.
4. Asiste a eventos deportivos locales o partidos para ver qué deportes podrías disfrutar. Esto puede ayudarte a ver el entusiasmo y la emoción alrededor del deporte.
5. Prueba una variedad de deportes. Experimenta con diferentes deportes asistiendo a algunas prácticas o partidos para tener una idea del deporte. Esto puede ayudarte a determinar si el deporte es adecuado para ti.

6. Elige un deporte que se adapte a tus habilidades físicas e intereses. Por ejemplo, si disfrutas estar en el agua, prueba la natación o el waterpolo.

7. Considera tus objetivos al participar en un deporte. ¿Quieres divertirte, competir a un alto nivel o mejorar tu estado físico? Esto puede ayudarte a elegir un deporte que se alinee con tus objetivos.

8. Si puedes encontrar un deporte que disfrutes, ¡es mucho más probable que sigas haciéndolo!

Recuerda, encontrar un nuevo deporte debe ser una experiencia divertida y emocionante. Prueba nuevos deportes y desafíate a aprender y crecer en una nueva actividad.

Caminar 10 mil pasos

Caminar 10,000 pasos al día a menudo se recomienda como una pauta general para la salud y el bienestar en general, incluso para los adolescentes. Permíteme explicar por qué.

Salud física

Caminar es excelente para ayudar a mejorar la salud del corazón, fortalecer los músculos y huesos, y mantenerte en forma y saludable. Estos beneficios pueden ayudar a reducir el riesgo de condiciones crónicas, como la obesidad, la diabetes tipo 2 y las enfermedades cardíacas.

Salud mental

La actividad física regular, incluido caminar, también puede tener un impacto positivo en la salud mental. Caminar puede ayudarte a sentir menos estrés, mejorar tu estado de ánimo y aumentar tu autoestima.

Rendimiento académico

Los estudios han demostrado que la actividad física puede tener un impacto positivo en el rendimiento académico. Caminar 10,000 pasos al día puede ayudar a mejorar la concentración y la capacidad de atención, lo que puede llevar a un mejor rendimiento académico.

Socialización

Caminar puede ser una actividad social que ayuda a los adolescentes a conectarse con amigos, familiares y su comunidad. Esto puede tener un impacto positivo en la salud mental y las habilidades sociales.

Desarrollar hábitos saludables

Agregar ejercicio a tu rutina diaria, como apuntar a 10,000 pasos al día, puede ayudar a los adolescentes a desarrollar hábitos saludables que puedan llevar consigo a lo largo de sus vidas.

Si 10,000 pasos al día suena como mucho para ti, es un buen objetivo para esforzarse y puede tener numerosos beneficios para la salud y el bienestar general de un adolescente. Puedes usar una aplicación de seguimiento en tu teléfono para contar tus pasos.

Yoga y pilates

El yoga y el pilates son formas de ejercicio de bajo impacto que pueden tener numerosos beneficios para los adolescentes. Tanto el yoga como el pilates pueden ayudar a mejorar la flexibilidad, la fuerza, el equilibrio y la postura. Estos beneficios pueden ayudar a reducir el riesgo de lesiones y promover la salud física en general.

El yoga y el pilates también pueden tener un impacto positivo en la salud mental. Ambas prácticas incorporan técnicas de respiración y atención plena, lo que puede hacerte sentir menos estresado y ansioso y mejorar tu bienestar mental en general. El yoga y el pilates pueden ayudar a los adolescentes a ser más conscientes de sus cuerpos y cómo se mueven. Esto puede ayudarles a desarrollar una mejor conciencia y control corporal, lo que puede tener un impacto positivo en el rendimiento físico en general.

Al mejorar la flexibilidad y la fuerza, el yoga y el pilates pueden ayudar a reducir el riesgo de lesiones durante otras actividades físicas o deportes. A medida que los adolescentes enfrentan los desafíos de la adolescencia, participar en yoga o pilates también puede ayudar a aumentar la autoestima y promover una imagen corporal positiva.

En general, incorporar yoga o pilates en tu rutina semanal puede tener numerosos beneficios para la salud física y mental.

Sueño

El sueño es crucial para personas de todas las edades, pero es especialmente importante para los adolescentes, ya que experimentan cambios físicos y emocionales significativos. El sueño ayuda al cuerpo a reparar y hacer crecer tejidos, así como a fortalecer el sistema inmunológico. También ayuda a regular las hormonas, que pueden afectar el crecimiento y el desarrollo. Dormir lo suficiente puede mejorar el estado de ánimo y reducir el estrés y la ansiedad. En contraste, la privación del sueño puede llevar a irritabilidad, depresión y otros problemas emocionales. Si no duermes bien por la noche, puedes tener problemas para concentrarte y retener información, lo que puede afectar tu trabajo escolar.

Dormir adecuadamente también puede ayudar a mejorar la memoria y el aprendizaje. El sueño es esencial para la recuperación física y puede ayudar a mejorar el rendimiento atlético. La privación del sueño puede llevar a tiempos de reacción más lentos, menor resistencia y un mayor riesgo de lesiones. Los adolescentes que no duermen lo suficiente tienen más posibilidades de verse involucrados en accidentes automovilísticos debido a la disminución del tiempo de reacción y el deterioro del juicio.

Dormir lo suficiente es esencial para que los adolescentes mantengan el bienestar físico y emocional, el rendimiento académico y atlético, y la seguridad en general. ¡Así que vale la pena asegurarse de que estás durmiendo lo suficiente!

¿Cuánto sueño necesitas?

La cantidad de sueño que necesita un adolescente puede variar según sus necesidades individuales, pero en general, los adolescentes requieren aproximadamente de 8 a 10 horas de sueño por noche. Sin embargo, muchos adolescentes no duermen lo suficiente debido a factores como las demandas académicas y extracurriculares, las actividades sociales y el uso de dispositivos electrónicos.

Es importante que los adolescentes prioricen dormir lo suficiente, ya que la privación del sueño puede tener impactos negativos en su salud física y emocional, rendimiento académico y bienestar en general. Comenzar a usar un horario de sueño regular con una rutina relajante antes de acostarse puede ayudar a promover hábitos saludables de sueño. Además, reducir el tiempo frente a la pantalla antes de acostarse y evitar la cafeína y los alimentos azucarados por la noche también puede ayudar a mejorar la calidad del sueño.

Meditación

La meditación puede ser beneficiosa para los adolescentes de muchas maneras. Puede ayudarte a manejar el estrés y la ansiedad, mejorar la concentración y promover el bienestar mental y emocional en general.

A medida que los adolescentes enfrentan los desafíos de la escuela, las relaciones sociales y el crecimiento personal, puedes experimentar sentimientos de abrumamiento, ansiedad o incertidumbre. La meditación puede ayudarte a desarrollar habilidades para manejar estas emociones y mantener una sensación de calma y equilibrio. Al vivir en el presente y adoptar una conciencia no crítica de tus pensamientos y sentimientos, puedes aprender a responder a los estresores de una manera más constructiva.

Se sabe que la meditación también tiene beneficios para la salud física, como reducir la presión arterial y mejorar la calidad del sueño. Agregar meditación a tu vida puede ayudarte a ser más resiliente y mejorar tu calidad de vida en general.

Fumar

Fumar no es una buena idea, sin importar la edad que tengas. Es increíblemente malo para tu salud. Y no solo eso, sino que te causará problemas durante años. Como adolescente, podrías haber pensado "empezaré a fumar" y todo estará bien.

El problema surge unos meses o años después, cuando decides que cuesta demasiado dinero y quieres dejar de fumar por tu salud. Dejar de fumar requiere una enorme cantidad de fuerza de voluntad y dolor, y eso es porque fumar es adictivo. Una vez que empiezas a fumar, tu cuerpo comenzará a desearlo. Así que solo estás creando mucho dolor y angustia para ti mismo más adelante en tu vida.

Es mucho menos estresante, menos dramático y mucho mejor para tu salud, simplemente nunca empezar a fumar. Si eres alguien a quien le gustan los resultados máximos con esfuerzos mínimos, evitar fumar es una de las cosas más importantes que puedes hacer como adolescente.

Aquí hay algunas otras desventajas de fumar:

Los cigarrillos contienen más de 7,000 químicos, muchos de los cuales son tóxicos y pueden causar graves problemas de salud, como enfermedades cardíacas, cáncer de pulmón, bronquitis crónica y enfisema.

Además, fumar puede afectar negativamente tu apariencia física. Puede causar mal aliento, amarillamiento de los dientes, envejecimiento prematuro de la piel y pérdida de cabello.

Fumar también es caro. El costo de los cigarrillos puede acumularse rápidamente, quitando dinero que podría gastarse en otras cosas, como pasatiempos, entretenimiento o ahorro para el futuro.

Además, fumar puede tener un impacto negativo en las relaciones sociales. A muchas personas les resulta desagradable el olor del humo, y puede ser difícil encontrar amigos que se sientan cómodos cerca de los fumadores.

Finalmente, dejar de fumar es increíblemente difícil. La nicotina es altamente adictiva y cuanto más tiempo fumes, más difícil será dejarlo. Es importante recordar que no comenzar a fumar en primer lugar es la mejor manera de evitar las muchas consecuencias negativas asociadas con fumar.

Beber

Cada país tiene su propia edad legal para beber. Así que tu primer paso es asegurarte de conocerla. No hay necesidad de romper la ley y terminar en problemas.

Beber alcohol puede tener efectos negativos graves en tu cuerpo y en cómo te sientes, e incluso con tus amigos y en el trabajo escolar.

En primer lugar, beber puede afectar el desarrollo del cerebro, que continúa hasta mediados de los 20 años. Esto significa que los adolescentes que beben mucho corren el riesgo de tener problemas de por vida con la memoria, el aprendizaje y el control de los impulsos. Además, beber puede llevar a una mala toma de decisiones, lo que puede resultar en comportamientos peligrosos como conducir ebrio, tener relaciones sexuales sin protección y consumir drogas.

Beber también puede tener efectos negativos en la salud física, como daños en el hígado, enfermedades cardíacas y un mayor riesgo de ciertos tipos de cáncer. También puede afectar negativamente la salud mental de un adolescente, aumentando la probabilidad de depresión, ansiedad y suicidio.

Además, beber puede tener consecuencias sociales negativas para los adolescentes, como relaciones tensas con amigos y familiares, problemas en la escuela o en el trabajo e incluso problemas legales. Los riesgos asociados con el consumo de alcohol en menores de edad simplemente no valen la pena. Hay muchas consecuencias potenciales graves del consumo de alcohol, por lo que es importante que tomen decisiones saludables y responsables por sí mismos.

Drogas

El abuso de sustancias puede ser un problema grave para los adolescentes, por lo que evitar las drogas en la adolescencia es muy importante. Consumir drogas puede literalmente robarte tu futuro. Aquí hay algunas razones por las que.

Adicción: El uso de drogas como adolescente puede llevar rápidamente a la adicción. Una vez que alguien se vuelve adicto, puede ser increíblemente difícil dejar de usar.

Problemas de salud: El abuso de sustancias puede causar una variedad de problemas de salud, desde daños pulmonares hasta insuficiencia hepática y enfermedades cardíacas. Estos problemas de salud pueden ser difíciles de tratar e incluso pueden ser mortales.

Problemas de salud mental: El consumo de drogas también puede llevar a problemas de salud mental, como depresión, ansiedad y psicosis. Estos problemas pueden afectar realmente la calidad de vida de un adolescente.

Problemas legales: El uso de drogas es ilegal y ser atrapado puede resultar en problemas legales, incluidas multas e incluso tiempo en prisión.

Impacto negativo en las relaciones: El abuso de sustancias puede tener un impacto negativo en las relaciones de un adolescente con amigos y familiares. Puede ser difícil para los seres queridos ver a alguien a quien les importa luchar contra la adicción.

Mal rendimiento académico: El consumo de drogas puede llevar a un mal rendimiento académico, lo cual puede tener efectos duraderos en las oportunidades futuras de un adolescente.

Si estás luchando con la adicción a las drogas como adolescente, es importante saber que no estás solo y que hay muchos recursos disponibles para ayudarte. Aquí hay algunas ideas:

Habla con alguien en quien confíes: Podría ser un padre, maestro o consejero. Hablar sobre tus problemas puede ayudarte a sentirte menos solo y obtener el apoyo que necesitas.

Busca ayuda profesional: Hay muchos profesionales que se especializan en tratar la adicción a las drogas, como médicos, terapeutas y especialistas en adicciones. Ellos pueden ofrecerte tratamiento y apoyo personalizados.

Únete a un grupo de apoyo: Estos grupos pueden ofrecerte un sentido de comunidad y ayudarte a mantenerte responsable de tus objetivos de recuperación.

Recuerda, superar la adicción a las drogas no es fácil, pero es posible. Con el apoyo y los recursos adecuados, puedes vencer la adicción y llevar una vida saludable y satisfactoria.

Primeros auxilios y emergencias

Los primeros auxilios son una habilidad importante que todos deberían conocer, incluidos los adolescentes. Saber qué hacer cuando alguien no está bien puede incluso salvar una vida. Aquí hay algunos consejos sobre primeros auxilios para adolescentes.

Ante todo, siempre llama a los servicios médicos de emergencia (SME) de inmediato en una situación que ponga en peligro la vida, como alguien que no respira, tenga un ataque cardíaco o un derrame cerebral, o una lesión grave. No trates de manejar la situación tú solo.

Sin embargo, todavía hay muchas situaciones en las que los primeros auxilios básicos pueden ayudar. Por ejemplo, si alguien tiene un corte o raspadura menor, puedes limpiar la herida y cubrirla con un vendaje estéril. Aquí hay algunos otros consejos:

- Si alguien se está ahogando, anímalos a toser e intenta remover la obstrucción dándoles golpes en la espalda o realizando la maniobra de Heimlich si es necesario.

- Si ves a alguien teniendo una convulsión, intenta mantenerlos a salvo moviendo objetos afilados o duros lejos de ellos y colocando algo suave debajo de su cabeza. No intentes sujetarlos ni poner nada en su boca.
- Si alguien tiene un esguince o distensión, utiliza el método RICE: reposo, hielo, compresión y elevación. Descansa el área afectada, aplica hielo para reducir la inflamación, envuelve el área con un vendaje para la compresión y eleva el miembro afectado por encima del corazón si es posible.
- Si alguien tiene una reacción alérgica, usa un EpiPen si está disponible y llama a la asistencia médica de inmediato.
- Si alguien tiene un sangrado nasal, haz que se siente y incline la cabeza hacia adelante un poco. Pellizca la parte blanda de su nariz con los dedos durante 10-15 minutos hasta que cese el sangrado.

Recuerda, los primeros auxilios no son el mismo nivel de atención que el de una enfermera o médico, pero pueden proporcionar ayuda rápida y posiblemente prevenir daños adicionales hasta que llegue la asistencia médica. Puedes tomar un curso de primeros auxilios para aprender más sobre cómo responder en diferentes situaciones.

Salud y aseo personal

La salud y el aseo personal son extremadamente importantes, ya que contribuyen significativamente a nuestro bienestar físico, emocional y social en general. Practicar una buena higiene personal, como baños o duchas regulares, cepillarse los dientes y usar ropa limpia, nos mantiene limpios y con un aroma fresco. También nos ayuda a sentirnos bien con nosotros mismos y aumenta nuestra autoconfianza.

Cuidado de la piel

Como adolescente, es importante cuidar tu piel para mantenerla saludable y radiante. Con tantos productos y rutinas de cuidado de la piel, ¿cómo saber por dónde empezar? Pero no te preocupes, ¡estoy aquí para ayudarte! Repasaremos algunos consejos simples pero efectivos de cuidado de la piel que puedes incorporar fácilmente a tu rutina diaria. Ya sea que estés lidiando con acné o simplemente quieras mantener una piel saludable, estos consejos son perfectos para todos los adolescentes.

Limpia tu rostro dos veces al día: Usa un limpiador suave. Esto elimina la suciedad, el aceite y el maquillaje de tu cara por la mañana y antes de acostarte.

Hidrata regularmente: Mantener tu piel hidratada es importante para mantener su salud y prevenir la sequedad y los brotes. Usa un humectante ligero y libre de aceite a diario.

Usa protector solar: Protege tu piel de los dañinos rayos UV usando protector solar. Debes hacer esto todos los días, incluso en días nublados.

No toques tu cara: Tus manos llevan bacterias que pueden causar brotes, así que evita tocar tu cara o pellizcar los granos.

Evita productos agresivos: Evita usar exfoliantes ásperos o astringentes que puedan dañar tu piel y eliminar sus aceites naturales.

Duerme lo suficiente: No dormir lo suficiente puede dejarte sintiendo estrés. Esto puede provocar brotes y otros problemas de la piel. Intenta dormir al menos 8 horas cada noche.

Mantente hidratado: Beber mucha agua es una excelente manera de eliminar las toxinas de tu cuerpo y mantener tu piel con aspecto saludable.

Lleva una dieta saludable: Comer muchas frutas, verduras y granos enteros también puede ayudar a mantener tu piel saludable.

Lidiando con el acné

Experimentar brotes de acné puede ser frustrante y, a veces, afectar tu autoconfianza. El acné es una condición común en la piel de los adolescentes, causada por la producción excesiva de aceite y células muertas que obstruyen los poros. Aunque podrías intentar reventar granos o usar productos agresivos, hay varias formas de ayudar a controlar y reducir el acné sin dañar tu piel. Aquí hay algunos consejos y recomendaciones sobre cómo ayudar a los adolescentes a lidiar con el acné de manera saludable y efectiva.

Desarrolla una rutina de cuidado de la piel constante: Lávate la cara todos los días con un limpiador adecuado para la piel adolescente y usa un humectante que no contenga ingredientes que obstruyan los poros de tu piel.

Evita tocar tu cara: Pellizcar, apretar o tocar tus granos puede empeorar el acné y propagar bacterias.

Mantén tu cabello alejado de tu cara: Los productos para el cabello también pueden causar acné, así que evita usar productos grasosos para el cabello y mantén el cabello alejado de tu cara. No uses mucho acondicionador en tu cabello, ya que puede gotear en tu espalda alta y causar problemas en la piel también si no lo enjuagas completamente.

No compartas maquillaje: Compartir maquillaje puede transferir bacterias y causar brotes, así que evita compartir maquillaje con amigos.

Usa protector solar: El daño solar puede empeorar el acné, así que asegúrate de usar un protector solar que no contenga ingredientes que obstruyan los poros de tu piel a diario.

Vigila tu dieta: Ciertos alimentos como los lácteos, el azúcar y las comidas grasosas pueden causar acné, así que intenta llevar una dieta equilibrada.

Maneja el estrés: El estrés puede empeorar el acné, así que intenta controlar el estrés a través del ejercicio, la meditación u otras técnicas de relajación.

Busca ayuda de un dermatólogo: Si los tratamientos de venta libre no funcionan, considera visitar a un dermatólogo que pueda recomendar tratamientos con receta adaptados a tu tipo de piel y la gravedad del acné.

Cabello

Cuidar tu cabello realmente puede afectar tu apariencia y cómo te sientes. Ya sea que tengas cabello largo, corto, rizado o liso, hay cosas que puedes hacer para mantenerlo saludable y lucir lo mejor posible. Aquí hay algunos consejos para el cabello de los adolescentes que te ayudarán a lograr el mejor cabello:

Lava tu cabello regularmente: Lava tu cabello al menos dos veces a la semana para eliminar la acumulación de suciedad y aceite. Si tienes cabello muy graso, es posible que debas lavarlo con más frecuencia.

Usa el champú y acondicionador adecuados: Elige un champú y acondicionador que sea adecuado para tu tipo de cabello. Si tienes cabello seco, usa un champú y acondicionador hidratantes. Si tienes cabello graso, usa un champú aclarador.

Evita usar herramientas calientes con demasiada frecuencia: Las tenazas para rizar, las planchas y los secadores pueden dañar tu cabello si los usas con demasiada frecuencia. Usa productos protectores térmicos cuando los utilices.

Cepilla tu cabello suavemente: Usa un peine de dientes anchos o un cepillo para desenredar suavemente tu cabello. Comienza por las puntas del cabello y luego hacia arriba para evitar roturas.

Evita peinados apretados: Los peinados ajustados como las colas de caballo y las trenzas pueden dañar tu cabello y cuero cabelludo. Experimenta con llevarlo suelto o en peinados más holgados.

Protege tu cabello del sol: Los rayos UV del sol pueden dañar tu cabello al igual que pueden dañar tu piel. Usa un sombrero para proteger tu cabello cuando estés afuera.

Come alimentos saludables: Si puedes llevar una dieta equilibrada con muchas vitaminas y minerales, esto puede ayudar a mantener tu cabello saludable y fuerte.

Corta tu cabello regularmente: Cortar tu cabello cada 8 semanas puede ayudar a prevenir las puntas abiertas y mantener tu cabello luciendo saludable.

Recuerda que cuidar tu cabello no tiene que ser complicado. Con estos simples consejos, puedes mantener tu cabello luciendo genial y sintiéndose saludable.

Dientes

Tus dientes son increíblemente importantes, así que aquí hay algunos consejos para mantenerlos en excelente estado.

Cepilla tus dientes dos veces al día: Hazlo durante al menos dos minutos, dos veces al día, con una pasta dental con flúor.

Usa hilo dental a diario: Usar hilo dental eliminará la placa y las partículas de comida que se atascan entre tus dientes y debajo de la línea de las encías.

Usa enjuague bucal para eliminar bacterias: El enjuague bucal también puede ayudar a refrescar tu aliento.

Reduce o deja de consumir alimentos y bebidas azucaradas y ácidas: Estos tipos de alimentos y bebidas pueden erosionar el esmalte dental y causar caries.

Usa un protector bucal: Si practicas deportes o participas en actividades que podrían dañar tus dientes, usa un protector bucal para protegerlos.

Visita al dentista regularmente: Programa chequeos y limpiezas dentales regulares para mantener una buena salud bucal y detectar cualquier problema a tiempo.

No uses tabaco: Fumar o usar otras formas de tabaco puede manchar tus dientes, causar mal aliento y aumentar tu riesgo de cáncer oral.

¿Rechinas los dientes? Si es así, consulta a tu dentista sobre cómo obtener un protector bucal para evitar daños en tus dientes.

Ropa

Compras de ropa

¡Todos necesitamos ropa! Comprar ropa como adolescente es bastante importante. Estás desarrollando tu propio estilo, generalmente con un presupuesto limitado. Aquí hay algunos consejos para comprar ropa como adolescente.

Establece un presupuesto: Antes de comenzar a comprar, decide cuánto dinero puedes permitirte gastar en ropa. Esto te ayudará a evitar gastar de más y asegurarte de no terminar con artículos que no puedes pagar.

Haz una lista: Haz una lista de los artículos que necesitas antes de comenzar a comprar. Esto te ayudará a mantenerte enfocado y evitar comprar cosas que no necesitas.

Compra prendas básicas: Invierte en prendas básicas que puedas combinar, como camisetas, jeans y leggings. Estos artículos se pueden vestir de forma más elegante o casual y son versátiles.
Prueba todo: Es importante probarse la ropa antes de comprarla, especialmente si estás comprando en una tienda nueva o probando

una nueva marca. Esto te ayudará a asegurarte de que la ropa te quede bien y te veas bien.

Considera la calidad: Al comprar ropa, piensa en la calidad de la tela y la construcción. La ropa de calidad puede costar más, pero durará más y será una mejor inversión a largo plazo.

Piensa en la temporada: Ten en cuenta la temporada al comprar ropa. En invierno, necesitarás ropa abrigada, mientras que en verano, necesitarás ropa fresca y transpirable.

No te dejes influenciar por las tendencias: Si bien es divertido seguir las tendencias de moda, no te dejes influenciar por ellas si no se ajustan a tu estilo personal. Mantén lo que te hace sentir cómodo y seguro.

Compra en rebajas: Busca rebajas y descuentos al comprar ropa. A menudo puedes encontrar excelentes ofertas en ropa si compras en el momento adecuado. Solo asegúrate de no comprar algo solo porque esté en oferta si realmente no lo necesitas.

Cuidado de tu ropa

Cuidar tu ropa es una parte esencial para mantener un buen guardarropa. Como adolescente, es posible que no pienses mucho en ello, pero saber cómo cuidar adecuadamente tu ropa puede hacer que dure más y te ahorre dinero a largo plazo. Aquí hay algunos consejos para ayudarte a cuidar tu ropa:

Lee las etiquetas: Siempre revisa las etiquetas de cuidado en tu ropa antes de lavarla. Los diferentes tejidos requieren diferentes cuidados, por lo que es importante seguir las instrucciones de la etiqueta.

Ordena tu ropa para lavar: Separa tu ropa por color y tejido antes de lavarla. Esto evitará que los colores se mezclen y los tejidos se dañen.

Usa el detergente adecuado: Usa un detergente apropiado para el tipo de tela que estés lavando. Por ejemplo, usa un detergente suave para tejidos delicados.

Lava con agua fría: Lavar tu ropa con agua fría ayudará a preservar su color y evitar la contracción.

No sobrecargues la lavadora: Sobrecargar la lavadora puede dañar tu ropa e impedir que se limpie adecuadamente. Sigue las instrucciones del fabricante para el tamaño máximo de carga.

Seca al aire libre: Evita usar la secadora para ropa que pueda encogerse o perder su forma. En su lugar, cuélgala para que se seque.

Plancha correctamente: Si necesitas planchar tu ropa, usa la temperatura adecuada y ten cuidado de no quemar la tela.

Guarda tu ropa adecuadamente: Dobla o cuelga tu ropa de manera ordenada en tu armario o cómoda para evitar arrugas y daños.

Siguiendo estos consejos, puedes cuidar tu ropa y mantenerla en buen estado por más tiempo.

Confianza y autoestima

Mentalidad

Tener una mentalidad positiva es importante, ya que puede tener un impacto significativo en nuestro bienestar general, tanto ahora como en el futuro. Cuando tenemos una mentalidad positiva, es más probable que nos sintamos felices y satisfechos con nuestras vidas. También podemos estar mejor preparados para enfrentar el estrés, la ansiedad y otros problemas de salud mental.

Tener una perspectiva positiva también puede ayudarnos a establecer relaciones más sólidas con los demás. Las personas positivas suelen ser más accesibles y agradables, lo que puede ayudarnos a establecer conexiones más profundas con nuestros amigos, familiares y otras personas en nuestras vidas.

La vida puede ser impredecible y desafiante, especialmente durante la adolescencia. Una mentalidad positiva puede ayudar a los adolescentes a desarrollar resiliencia y recuperarse de las dificultades y contratiempos.

La investigación ha demostrado que los estudiantes con una mentalidad positiva tienden a tener un mejor rendimiento académico que aquellos con una mentalidad negativa. Al creer en nosotros mismos y nuestras habilidades, los adolescentes pueden estar más motivados para aprender y tener éxito en la escuela.

En general, una mentalidad positiva puede ayudar a los adolescentes a sentirse más felices, seguros y satisfechos en sus vidas. También puede tener un efecto dominó, mejorando sus relaciones, rendimiento académico y perspectivas futuras. Aquí hay algunas estrategias de mentalidad que pueden ayudarte.

Enfócate en lo bueno

Trata de enfocarte en los aspectos positivos de tu vida, en lugar de quedarte en lo negativo. Puedes hacer esto escribiendo cosas por las que estás agradecido cada día, o simplemente tomándote un tiempo para apreciar las cosas buenas de tu vida.

Practica el autocuidado

Cuidar tu mente y cuerpo puede ser una excelente manera de promover la positividad. Asegúrate de dormir lo suficiente, comer alimentos saludables y hacer ejercicio regularmente. También puedes intentar la meditación o ejercicios de respiración profunda para ayudar a reducir el estrés.

Rodéate de personas positivas

Pasar tiempo con personas que son positivas y solidarias puede
ayudarte a sentirte más optimista en la vida. Busca amigos que te
levanten el ánimo y evita a aquellos que te depriman.

Establece metas

Establecer metas y trabajar para alcanzarlas puede ayudarte a tener
un sentido de propósito y logro. Asegúrate de que tus metas sean
realistas y alcanzables, y celebra tu progreso a lo largo del camino.

Practica el diálogo interno positivo

La forma en que te hablas a ti mismo puede tener un gran impacto
en tu mentalidad. Trata de reemplazar el diálogo interno negativo
con afirmaciones positivas, como "Soy capaz" o "Puedo hacer esto".
En lugar de decir "No puedo hacer esto", di "Todavía no lo he
hecho".

Tómate tiempo para ti

Es importante tomarse descansos y hacer cosas que disfrutes. Ya sea
leer un libro, ver una película o pasar tiempo al aire libre, asegúrate
de tomarte tiempo para ti y participar en actividades que te hagan
feliz.

Recuerda, mantener una mentalidad positiva requiere práctica y paciencia. Está bien tener días malos o pensamientos negativos, pero al enfocarte en lo bueno y cuidarte, puedes cultivar una perspectiva más positiva en la vida.

Lidiar con el estrés y la ansiedad

Es completamente normal sentir estrés o ansiedad de vez en cuando, pero es importante entender qué son estos sentimientos y cómo enfrentarlos.

El estrés es una respuesta física y emocional ante una situación desafiante, como un examen importante o una conversación difícil con un amigo. La ansiedad, por otro lado, es una sensación de miedo, preocupación o inquietud acerca de algo que puede o no suceder en el futuro.

Tanto el estrés como la ansiedad pueden afectar tu estado de ánimo, tu salud física y tu capacidad para concentrarte. También pueden llevar a otros problemas como insomnio, problemas digestivos y un sistema inmunológico debilitado. La buena noticia es que hay muchas formas de manejar el estrés y la ansiedad. Aquí hay algunos consejos:

Practica técnicas de relajación

La respiración profunda, la meditación y el yoga son excelentes maneras de ayudar a reducir el estrés y la ansiedad. Encuentra una técnica que funcione para ti y practícala regularmente, aunque sea solo unos minutos al día.

Mantente activo

El ejercicio es una excelente manera de aliviar el estrés y mejorar tu estado de ánimo. Intenta hacer al menos 30 minutos de actividad física cada día, ya sea caminar, practicar un deporte o bailar con tu música favorita.

Conéctate con otros

Hablar con alguien en quien realmente confías puede ser una excelente manera de aliviar el estrés y la ansiedad. Habla con alguien de tu familia, un amigo, un consejero escolar y comparte cómo te sientes.

Evita mecanismos de afrontamiento poco saludables

Aunque a corto plazo puedes pensar que recurrir a drogas, alcohol u otros comportamientos poco saludables para enfrentar el estrés es una buena idea, estos hábitos pueden empeorar el problema a largo plazo. En cambio, intenta encontrar formas saludables de manejar tus emociones.

Duerme lo suficiente

La falta de sueño puede contribuir al estrés y la ansiedad. Trata de dormir lo suficiente cada noche y establece una rutina de sueño que te ayude a relajarte y descansar.

Practica el autocuidado

Cuidar de ti mismo es crucial para manejar el estrés y la ansiedad.

Estrés

A veces, el estrés puede ser el resultado de ignorar algo en tu vida. ¿Hay un problema subyacente en tu vida que está causando tu estrés? ¿Puedes obtener ayuda para enfrentarlo?

Asegúrate de llevar una dieta saludable, mantenerte hidratado y tomarte descansos para hacer cosas que disfrutes. Podrías jugar al tenis, leer un libro, ver una película o pasar tiempo al aire libre. Recuerda, todos experimentan estrés y ansiedad en ocasiones, y está bien pedir ayuda.

Comunícate para salir de problemas

Comunicarse de manera efectiva puede ser una herramienta útil para navegar en situaciones desafiantes y evitar problemas. Aquí hay algunos consejos para adolescentes sobre cómo comunicarse para salir de problemas:

Mantén la calma

Cuando te encuentras en una situación difícil, es importante mantener la calma y la serenidad. Tómate un momento e intenta no reaccionar impulsivamente.

Escucha activamente

Cuando alguien está molesto contigo, puede ser tentador ignorarlo o ponerte a la defensiva. Sin embargo, escuchar activamente sus preocupaciones y reconocer sus sentimientos puede ayudar a desescalar la situación.

Asume la responsabilidad

Si has cometido un error o contribuido al problema, admítelo. Pide disculpas e intenta enmendar las cosas.

Sé respetuoso

Incluso si no estás de acuerdo con alguien, es importante tratarlo con respeto. Evita insultos o ataques personales.

Usa enunciados en primera persona

Al expresar tus propios sentimientos o preocupaciones, usa enunciados en primera persona en lugar de culpar o acusar a la otra persona. Por ejemplo, di "Me siento herido cuando me ignoras" en lugar de "Siempre me ignoras."

Busca soluciones

Una vez que ambos hayan tenido la oportunidad de compartir sus perspectivas, trabajen juntos para encontrar una solución que funcione para todos los involucrados.

Pide ayuda si es necesario

Si tienes dificultades para comunicarte de manera efectiva o sientes que te has metido en un problema muy grande, no tengas miedo de pedir ayuda a un adulto de confianza, como un padre, maestro o consejero.

Recuerda, la comunicación efectiva requiere práctica y paciencia. Al mantener la calma, escuchar activamente y tratar a los demás con respeto, puedes enfrentar situaciones difíciles y comunicarte para salir de problemas.

Frases útiles para situaciones complicadas

Aquí hay algunas frases útiles para que los adolescentes las utilicen en situaciones difíciles y de alta presión que les ayuden a defenderse:

"Entiendo tu perspectiva, pero tengo un punto de vista diferente."

Esta frase puede ser útil cuando alguien te presiona para hacer algo con lo que no te sientes cómodo. Reconoce la perspectiva de la otra persona y también establece tus propios límites.

"¿Podemos tomar un descanso en esta conversación? Necesito tiempo para pensar en ello."

Puedes tomar un paso atrás en una situación de alta presión para recopilar tus pensamientos y emociones. Esta frase puede ayudarte a afirmar tu necesidad de espacio y al mismo tiempo mantener abierta la conversación para más tarde.

"No me siento cómodo haciendo eso."

Si alguien te presiona para hacer algo que va en contra de tus valores o te hace sentir incómodo, es importante establecer tus límites. Esta frase puede ayudarte a comunicar tu incomodidad de una manera clara y directa.

"Aprecio tu preocupación, pero puedo manejar esto por mi cuenta."

A veces, amigos o familiares bien intencionados pueden aumentar la presión en una situación. Esta frase puede ayudarte a comunicar que aprecias su preocupación, pero que tienes la **capacidad de manejar la situación por tu cuenta.**

"Necesito cuidarme a mí mismo en este momento."

Tu bienestar mental y emocional siempre debe ser lo primero. Esta frase puede ayudarte a afirmar tu necesidad de cuidado personal y establecer límites cuando te sientes abrumado.
Recuerda, está bien afirmarte y defender tus propias necesidades y límites. Al usar un lenguaje claro y directo, puedes comunicar tu perspectiva y tomar el control de situaciones de alta presión.

"No me hables así"

Esta frase es una forma clara y directa de afirmar tus límites y comunicar que no tolerarás que te hablen de manera hiriente, agresiva o despectiva.

"No he terminado de hablar"

Esta frase puede ayudarte a afirmar tu derecho a ser escuchado y comunicar que necesitas que la otra persona escuche lo que tienes que decir.

"No estoy obligado a explicarme contigo"

Está bien afirmarte también cuando alguien te hace preguntas personales o delicadas que no te sientes cómodo respondiendo. Es importante establecer límites y proteger tu privacidad, especialmente cuando alguien está entrometido o invasivo.

"No estoy buscando retroalimentación en esto"

Cuando has tomado una decisión o realizado una acción de la que te sientes seguro y no deseas recibir retroalimentación o críticas no solicitadas, esta es una respuesta útil.

"Mi peso no está en discusión"

Es importante recordar que el cuerpo de cada persona es único y que el peso nunca debe ser tema de conversación sin consentimiento. Cuando alguien hace comentarios sobre tu peso, forma del cuerpo o apariencia de una manera inapropiada o hiriente, no dudes en pedirles que se detengan.

"No es mi respuesta"

Es importante recordar que tienes derecho a decir que no y establecer límites, incluso si decepciona o molesta a otros. Tus necesidades y sentimientos son tan importantes como los de cualquier otra persona, y está bien darles prioridad.

"Tengo derecho a ser tratado con respeto"

Todos merecen ser tratados con dignidad y respeto, independientemente de la situación. Es importante afirmarte y comunicar que no tolerarás comportamientos hirientes o inapropiados.

Revisión de salud en redes sociales

Mantente seguro en línea y cosas que debes evitar

El internet se ha vuelto una parte normal de nuestras vidas, y los adolescentes pasan más tiempo en línea que nunca. Si bien el internet puede ser útil para obtener información y entretenimiento, también conlleva ciertos riesgos y peligros.

Es importante mantenerse seguro en línea por varias razones. En primer lugar, el internet no siempre es un lugar seguro. Hay ciberacosadores, estafadores y depredadores que pueden intentar aprovecharse de los jóvenes en línea. Si no somos cuidadosos, podemos estar expuestos a contenido inapropiado o, accidentalmente, descargar malware o virus que pueden dañar nuestros dispositivos.

Además de los riesgos asociados con el uso del internet, también hay posibles consecuencias a largo plazo a considerar. Cualquier cosa que se publique en línea puede ser vista potencialmente por cualquiera, ahora o en el futuro. Esto significa que una publicación o mensaje que parece inofensivo ahora podría tener graves repercusiones en el futuro, como afectar las admisiones universitarias o las oportunidades de empleo futuro.

Para mantenerte seguro en línea, debes tomar medidas para proteger tu privacidad e información personal, evitar interacciones con extraños y tener cuidado con lo que publicas en línea.

Al mantenernos seguros en línea, podemos disfrutar de los beneficios del internet sin ponernos en riesgo. Podemos conectarnos con amigos y familiares, explorar nuestros intereses y aprender cosas nuevas, todo mientras nos mantenemos seguros y protegidos en línea. Aquí hay algunos consejos para mantenerse seguro en línea:

Protege tu información personal

Ten cuidado al compartir información personal como tu nombre completo, dirección, número de teléfono u otros detalles identificativos en línea. Evita publicar información sensible en redes sociales y asegúrate de que tus configuraciones de privacidad sean muy estrictas y solo tus amigos que conoces en la vida real puedan ver tu información.

Ten precaución con los extraños

Nunca te encuentres con alguien que hayas conocido en línea sin obtener primero el permiso de un padre o tutor, y siempre reúnete en un lugar público con muchas personas alrededor. Ten cuidado al compartir información personal o fotos con personas que no conoces en la vida real.

Piensa antes de publicar

Recuerda que cualquier cosa que publiques en línea puede ser vista potencialmente por cualquiera, ahora o en el futuro. Evita publicar algo que no quisieras que tus padres, maestros o futuros empleadores vean. Sé respetuoso y responsable con tu comportamiento en línea.

Usa contraseñas seguras

Usa contraseñas largas, complicadas y diferentes para todas tus cuentas en línea y cámbialas regularmente. No uses la misma contraseña para varias cuentas.

Estate atento al ciberacoso

El ciberacoso es un problema grave, y es importante saber cómo reconocerlo y cómo manejar esta situación, ya sea que te suceda a ti o a un amigo tuyo. No respondas a los ciberacosadores ni tomes represalias, y siempre informa a un adulto de confianza si tú o alguien que conoces está siendo víctima.

Usa controles parentales

Si tienes menos de 18 años, considera usar controles parentales en tus dispositivos y aplicaciones para limitar el acceso a contenido inapropiado y asegurarte de seguir prácticas seguras en línea.

Al seguir estos consejos, puedes mantenerte seguro y responsable en línea, y evitar los riesgos y peligros asociados con el uso del internet. Recuerda, mantenerse seguro en línea es responsabilidad de todos, y es importante estar consciente de los riesgos potenciales.

Redes sociales: ¿creador o consumidor?

¿Eres creador o consumidor de contenido en línea?

Un productor de contenido en línea es alguien que crea y comparte contenido en línea, como videos, publicaciones de blog, podcasts, publicaciones en redes sociales u otros medios digitales. Utilizan diversas herramientas y plataformas para crear y distribuir su contenido, con el objetivo de interactuar con su audiencia y construir seguidores. Ejemplos de productores de contenido en línea incluyen vloggers, blogueros, podcasters, influencers en redes sociales y especialistas en marketing digital. A menudo, un productor de contenido también tiene algún tipo de negocio en línea. Tal vez estén compartiendo fotos de las velas que hacen y venden en Instagram. O están ganando dinero haciendo videos sobre técnicas de maquillaje.

Por otro lado, un consumidor de contenido en línea es alguien que consume e interactúa con contenido en línea, pero no necesariamente crea el suyo propio. Pueden ver videos, leer publicaciones de blog o artículos, escuchar podcasts, seguir cuentas de redes sociales o participar en comunidades en línea. Ejemplos de consumidores de contenido en línea incluyen usuarios de redes sociales, compradores en línea, lectores de noticias y consumidores de entretenimiento.

Los productores de contenido en línea están creando y compartiendo contenido activamente, generalmente para hacer crecer algún tipo de negocio y mejorar sus finanzas y vidas, mientras que los consumidores de contenido en línea lo consumen pasivamente. Pasan horas de su vida todos los días viendo videos y ganando dinero para otras personas.

Idealmente, querrías mantener tu tiempo como consumidor de contenido en línea al mínimo cada día, ya que tiene poco o ningún beneficio. Pasar mucho tiempo en línea puede ser perjudicial para nuestra salud física y mental, así como para nuestras vidas sociales y académicas. Las redes sociales pueden ser adictivas, lo que lleva al uso excesivo y al descuido de otras actividades importantes, como el ejercicio, el sueño y la interacción social cara a cara. Esto puede causar muchos problemas de salud, incluida la obesidad, enfermedades cardiovasculares y diabetes.

Además de los efectos físicos, el uso excesivo de las redes sociales también puede tener impactos negativos en la salud mental de los adolescentes. Las redes sociales pueden ser una fuente de estrés, ansiedad y depresión, especialmente si los adolescentes se comparan constantemente con los demás y buscan validación a través de "me gusta", comentarios y seguidores. El ciberacoso también es un problema grave en las redes sociales, lo que puede causar angustia emocional e incluso llevar al suicidio en casos extremos.

Además, pasar demasiado tiempo en las redes sociales puede afectar el rendimiento académico de los adolescentes, ya que puede llevar a la procrastinación, distracción y falta de concentración. También puede interferir con sus patrones de sueño, lo que puede agravar aún más estos problemas.

Entonces, aunque las redes sociales pueden ser una herramienta útil para la comunicación, el entretenimiento y la autoexpresión, es importante ser conscientes de nuestro uso como consumidores de redes sociales y mantener un equilibrio saludable entre actividades en línea y fuera de línea.

Lleva un registro del tiempo que pasas y establece nuevas metas de hábitos

Hacer un seguimiento del tiempo que pasas en las redes sociales puede ser un primer paso importante para reducir su uso y mantener un equilibrio saludable entre las actividades en línea y fuera de línea. Aquí hay algunos consejos sobre cómo hacer un seguimiento del tiempo que pasas en las redes sociales:

Usa una aplicación de seguimiento de tiempo

Hay muchas aplicaciones disponibles que pueden rastrear el tiempo que pasas en varias aplicaciones y sitios web, incluidas las plataformas de redes sociales.

Configura un temporizador

Otra forma sencilla de llevar un registro del tiempo que pasas en las redes sociales es configurar un temporizador cada vez que uses una aplicación o sitio web de redes sociales. De esta manera, podrás ser más consciente de cuánto tiempo pasas en las redes sociales y te animará a usarlas de manera más intencional.

Lleva un diario

También puedes hacer un seguimiento del tiempo que pasas en las redes sociales llevando un diario o registro de tu uso en ellas. Puede ser tan simple como anotar la hora y la duración de cada sesión de redes sociales en un cuaderno o en tu teléfono.

Utiliza la función de tiempo de pantalla de tu teléfono

Muchos teléfonos inteligentes tienen funciones de tiempo de pantalla incorporadas para que puedas ver cuánto tiempo pasas en varias aplicaciones y sitios web. Revisa la configuración de tu teléfono para ver si esta función está disponible y cómo acceder a ella.

Al hacer un seguimiento del tiempo que pasas en las redes sociales, puedes ser más consciente de tus hábitos y ver dónde podrías necesitar hacer cambios. Luego, puedes usar esta información para establecer metas para reducir el uso de las redes sociales.

Hábitos saludables en redes sociales

Aquí hay algunos hábitos saludables en redes sociales que los adolescentes pueden practicar para mantener un equilibrio saludable entre actividades en línea y fuera de línea:

Establecer límites

Es importante establecer límites en la cantidad de tiempo que se pasa en las redes sociales cada día. Esto se puede hacer usando un temporizador, estableciendo límites de tiempo de pantalla en tu dispositivo o programando horarios específicos para el uso de redes sociales.

Tomar descansos

Tomar descansos regulares de las redes sociales puede ayudar a reducir el estrés y la ansiedad. Puedes hacer esto tomando pequeños descansos durante el día o incluso tomando un descanso de las redes sociales durante uno o dos días a la semana.

Practicar la atención plena

La respiración profunda y la meditación pueden realmente ayudarte a sentirte mejor, reducir el estrés y aumentar tu enfoque. Esto puede ser especialmente útil al usar las redes sociales para evitar quedar atrapado en interacciones negativas o sentimientos de envidia.

Usar las redes sociales para interacciones positivas

Concéntrate en utilizar las redes sociales para interacciones positivas, como conectarte con amigos y familiares, aprender cosas nuevas o participar en comunidades positivas. Evita usar las redes sociales para interacciones negativas, como el ciberacoso o involucrarte en discusiones.

Estate atento a tus emociones

Estate atento a cómo te hacen sentir las redes sociales y toma medidas para abordar las emociones negativas. Si las redes sociales te causan estrés o ansiedad, tómate un descanso o busca apoyo en un amigo o familiar de confianza.

Participa en actividades fuera de línea

Asegúrate de participar en una variedad de actividades fuera de línea, como hacer ejercicio, practicar pasatiempos y pasar tiempo con amigos y familiares. Esto puede ayudar a mantener un equilibrio saludable entre las actividades en línea y fuera de línea.

Recuerda, las redes sociales pueden ser una herramienta valiosa para la comunicación y la autoexpresión, pero es importante practicar hábitos saludables para mantener una experiencia en línea positiva y satisfactoria.

Dinero, presupuesto, trabajo extra, voluntariado

Dinero de bolsillo

El dinero de bolsillo es un aspecto importante del crecimiento y el aprendizaje para manejar el dinero. Como adolescente, tener dinero de bolsillo puede brindarte un sentido de independencia y ayudarte a aprender el valor del dinero. Sin embargo, también puede ser fácil gastarlo todo de una vez o no administrarlo sabiamente.

Veamos algunas formas en las que puedes administrar responsablemente tu dinero de bolsillo. Estos consejos pueden ayudarte a hacer que tu dinero dure más y alcanzar tus metas financieras, ya sea ahorrar para algo especial o simplemente asegurarte de que puedas cumplir con tus gastos regulares. Así que ¡vamos a sumergirnos!

Crea un presupuesto

Es importante crear un presupuesto y llevar un registro de tus gastos para asegurarte de que no estés gastando demasiado y que puedas hacer que tu dinero dure. Haz una lista de tus gastos regulares, como transporte o refrigerios, y decide cuánto deseas gastar en cada categoría.

Establece metas de ahorro

Es importante ahorrar parte de tu dinero de bolsillo para gastos futuros o para alcanzar un objetivo específico. Esto se puede hacer estableciendo metas de ahorro y reservando una cierta cantidad de dinero cada semana o mes.

Evita las compras impulsivas

Es fácil comprar algo por capricho. Intenta evitar las compras impulsivas tomándote unos momentos para pensar antes de realizar una compra. ¿Realmente necesitas el artículo? ¿O es algo de lo que puedes prescindir?

Busca ofertas

Estate atento a las ofertas especiales y descuentos al comprar artículos para que tu dinero rinda más. Intenta comprar en tiendas de segunda mano o tiendas de segunda mano para encontrar artículos de calidad a un costo menor.

Gana dinero extra

Si buscas ganar dinero extra, considera hacer trabajos ocasionales u ofrecer tus habilidades a otros. Esto puede incluir cuidar niños, cuidar mascotas o dar clases particulares.

Sé responsable

Recuerda ser responsable con tu dinero de bolsillo y no gastarlo todo de una vez. Es importante administrar tu dinero sabiamente para asegurarte de que puedas satisfacer tus necesidades y ahorrar para el futuro.

Siguiendo estos consejos, los adolescentes pueden aprender a administrar su dinero de bolsillo de manera responsable y prepararse para el éxito financiero en el futuro.

Consigue un trabajo de medio tiempo

Hay varias razones por las que podrías considerar conseguir un trabajo de medio tiempo. En primer lugar, tener un trabajo de medio tiempo puede proporcionarte valiosa experiencia laboral que podrás utilizar en el futuro. Esto puede ayudarte a construir tu currículum, desarrollar habilidades importantes y obtener una mejor comprensión del mundo laboral.

En segundo lugar, ganar tu propio dinero puede darte una sensación de independencia y responsabilidad. Puede ayudarte a aprender a manejar tus finanzas, volverte más autosuficiente e incluso ahorrar para la universidad.

En tercer lugar, un trabajo de medio tiempo puede enseñarte habilidades importantes para la vida, como la administración del tiempo, la comunicación y el trabajo en equipo. Estas habilidades también pueden aplicarse a tu vida académica y personal. Además, un trabajo de medio tiempo puede exponerte a nuevas personas y experiencias, ayudándote a crecer como individuo y ampliar tus horizontes.

Hay muchos tipos de trabajos de medio tiempo adecuados para adolescentes. Aquí hay algunos ejemplos:

Venta al por menor o servicio de alimentos: Los trabajos en tiendas o restaurantes son opciones comunes para los adolescentes. Pueden incluir tareas como trabajar en la caja, almacenar o atender a los clientes.

Cuidado de niños o mascotas: Los adolescentes pueden ofrecer sus servicios a familias que necesiten cuidado de niños o mascotas. Estos trabajos pueden requerir algo de experiencia o capacitación previa, pero pueden ser gratificantes y flexibles.

Tutoría o asistencia docente: Los adolescentes pueden ofrecer sus habilidades académicas a otros dando clases particulares o asistiendo a maestros en su escuela o centros de aprendizaje locales.

Cuidado de césped o jardinería: Los adolescentes pueden ofrecer sus servicios a vecinos o negocios locales cortando césped, podando arbustos o realizando trabajos de jardinería.

Paseo de perros o cuidado de mascotas: Muchos dueños de mascotas necesitan ayuda para pasear a sus perros o cuidar de sus mascotas mientras están fuera.

Lavado o detallado de automóviles: Ofrecer servicios de lavado o detallado de automóviles podría ser una excelente manera para que los adolescentes ganen dinero.

Salvavidas: Los adolescentes pueden trabajar como salvavidas en una piscina comunitaria o playa, lo que requiere algo de capacitación pero puede ser una excelente manera de ganar dinero y mantenerse activos.

Es importante encontrar un trabajo que se adapte a tus habilidades e intereses, y también considerar tu horario y disponibilidad. Con esfuerzo y persistencia, puedes encontrar un trabajo de medio tiempo que sea gratificante, divertido y te ayude a aprender nuevas habilidades.

Empieza un negocio

Tal vez quieras ganar algo de dinero, pero tienes una idea que te encantaría para iniciar un negocio. ¡Pues adelante! Es una excelente idea. Y hay tantas oportunidades.

Aquí tienes algunas ideas de inicio de negocios en línea que podrían ser geniales para emprendedores en ciernes:

1. Marketing en redes sociales: Muchas empresas necesitan ayuda para administrar sus cuentas de redes sociales, crear contenido y llegar a nuevos clientes. Si te encanta una plataforma de redes sociales en particular, podrías ofrecer tus servicios a un negocio local que necesite ayuda para gestionar esa plataforma.

2. Servicios de diseño gráfico: Los diseñadores gráficos pueden ofrecer sus servicios a empresas y particulares que necesiten logotipos, diseños de sitios web y otros recursos visuales. Si tienes habilidades con algún software o plataforma de diseño gráfico, esto podría ser perfecto para ti.

3. Venta de artesanías y manualidades: Los adolescentes que sean hábiles en la creación de manualidades o arte hechos a mano pueden vender sus creaciones en línea o en mercados locales.

4. Escribe y publica libros en línea.
5. Diseña y publica aplicaciones para smartphones en línea.
6. Vende un curso en línea.
7. Empieza un negocio de joyería hecha a mano.
8. Inicia un negocio de diseño de invitaciones de boda personalizadas en línea.
9. Empieza un negocio de fabricación de jabones, lociones y bálsamos labiales.
10. Hay un mercado creciente para suministros para mascotas hechos a mano y únicos, como collares para perros, juguetes para gatos y camas para mascotas.

Estas son solo algunas ideas para comenzar. Con investigación, creatividad y esfuerzo, los emprendedores pueden encontrar muchas oportunidades para iniciar sus propios negocios en línea exitosos.

Guía de tarjetas de crédito para adolescentes

Las tarjetas de crédito son una forma de pedir dinero prestado a un banco o compañía de tarjetas de crédito para comprar algo. Por lo general, debes tener 18 años para obtener una tarjeta de crédito.

Así es como funcionan:

Con una tarjeta de crédito, en realidad estás pidiendo dinero prestado a la compañía de tarjetas de crédito, que luego debes pagar con el tiempo.

Tendrás un monto máximo de dinero que puedes pedir prestado usando la tarjeta cada mes. Cuando realizas una compra, el monto que gastas se suma al saldo de tu tarjeta de crédito. Cada mes, recibirás un estado de cuenta que muestra tu saldo, el pago mínimo adeudado y la fecha de vencimiento en la que debes devolver el dinero.

Si no pagas todo el dinero que debes en la tarjeta de crédito antes de la fecha de vencimiento, comenzarás a acumular intereses sobre el monto adeudado. La tasa de interés puede variar mucho. La mayoría de las tasas de interés son muy altas, lo cual es muy malo para ti. Algunas tarjetas de crédito también vienen con tarifas adicionales, como una tarifa anual o una tarifa por transferencias de saldo.

Los peligros de las tarjetas de crédito

Si bien las tarjetas de crédito pueden ser una herramienta financiera útil, también existen posibles peligros a tener en cuenta. Aquí hay algunos problemas con las tarjetas de crédito:

Deuda de alto interés

Si no pagas el saldo total de tu tarjeta de crédito cada mes, comenzarás a acumular intereses sobre el monto que debes. Las tasas de interés de las tarjetas de crédito pueden ser bastante altas y, si mantienes un saldo durante un largo período de tiempo, puedes terminar pagando mucho en cargos por intereses.

Gasto excesivo

Puede ser fácil gastar más de lo planeado cuando tienes una tarjeta de crédito, especialmente si tienes un límite de crédito alto. Rápidamente puedes encontrarte endeudado. Es necesario evitar esto a toda costa.

Tarifas

Algunas tarjetas de crédito tienen tarifas, como una tarifa anual, una tarifa por transferencias de saldo o una tarifa por exceder tu límite de crédito. Estas tarifas pueden acumularse rápidamente y dificultar el pago de tu saldo.

Daño al puntaje crediticio

Si te atrasas en un pago de la tarjeta de crédito o mantienes un saldo alto en tu tarjeta, puede afectar negativamente tu puntaje crediticio. Esto puede dificultar que te aprueben préstamos o créditos en el futuro.

Fraude y robo de identidad

Usar tarjetas de crédito en línea o en tiendas puede hacerte más vulnerable al fraude y al robo de identidad. Es importante revisar tus estados de cuenta de tarjetas de crédito regularmente y denunciar cualquier cargo no autorizado a tu compañía de tarjetas de crédito de inmediato.

Cuando obtienes una tarjeta de crédito, siempre paga el 100% del monto adeudado, cada mes. Así, el saldo de tu tarjeta vuelve a 0 cada mes. Nunca debas dinero a tu compañía de tarjetas de crédito, ya que las tasas de interés son muy altas y es mucho más difícil devolver el dinero más adelante.

Los peligros de la deuda

La regla de oro es evitar las deudas (préstamos de cualquier tipo) tanto como puedas. Si tienes deudas, haz todo lo posible para pagarlas lo más rápido posible.

La deuda puede ser un problema serio para muchas personas, especialmente si comienza a salirse de control. Aquí hay algunos peligros de la deuda:

Altas tasas de interés

Muchos tipos de deuda, como tarjetas de crédito o préstamos para el día de pago, vienen con tasas de interés altas. Si no puedes pagar tu deuda rápidamente, puedes terminar pagando mucho en cargos por intereses con el tiempo.

Daño al puntaje crediticio

Si no cumples con los pagos de tus tarjetas de crédito, puede dañar tu puntaje crediticio. Esto puede dificultar que te aprueben préstamos o créditos en el futuro o llevar a tasas de interés más altas en cualquier crédito que recibas.

Estrés y ansiedad

La deuda puede causar mucho estrés y ansiedad. Si siempre estás preocupado por cómo vas a pagar tus facturas, puede afectar tu salud mental y física.

Opciones financieras limitadas

Si llevas muchas deudas, puede limitar tus opciones financieras. Puede que no puedas ahorrar para emergencias o jubilación, o que tengas que posponer compras importantes o eventos de vida, como comprar una casa o comenzar una familia.

Acciones de cobro

Si te atrasas en los pagos de tus deudas, es posible que comiences a recibir llamadas y cartas de los cobradores de deudas. Incluso pueden tomar acciones legales en tu contra, como embargar tus salarios o poner un gravamen sobre tu propiedad.

Préstamos estudiantiles

Los préstamos estudiantiles son una forma de financiar tu educación si no tienes el dinero para pagarla por adelantado. Es importante recordar que los préstamos estudiantiles son un compromiso financiero serio y deben abordarse con cuidado. Antes de obtener cualquier préstamo, asegúrate de comprender los términos y condiciones y tener un plan para pagarlos después de graduarte.

Siempre enfocaría mi energía en preguntarme cómo puedo generar más ingresos. Quizás aún necesites el préstamo, pero consigues un trabajo de medio tiempo para poder pagarlo más rápido. O comienzas un negocio 12 meses antes de saber que necesitarás el préstamo, para poder ganar el dinero por adelantado y luego solicitar un préstamo más pequeño.

En qué nunca pedir dinero prestado

Hay muchas cosas para las que nunca es prudente pedir dinero prestado o endeudarse con tu tarjeta de crédito. Aquí hay algunos ejemplos:

Gastos no esenciales

Nunca es buena idea pedir dinero prestado para gastos no esenciales, como unas vacaciones de lujo o un nuevo guardarropa. Si no puedes pagarlo, es mejor ahorrar para ello en lugar de ponerlo en crédito.

Inversiones de alto riesgo

Invertir puede ayudarte a aumentar tu patrimonio, pero es importante hacerlo de manera prudente y lenta. Pedir dinero prestado para invertir en empresas de alto riesgo, como acciones o criptomonedas, generalmente no es una buena idea.

Gastos del día a día

Si tienes problemas para llegar a fin de mes y necesitas pedir prestado para pagar gastos básicos como comestibles o alquiler, es una señal de que debes reevaluar tu presupuesto y reducir tus gastos.

Pagar otras deudas

Sacar un préstamo para pagar otras deudas puede parecer una buena idea, pero en realidad puede empeorar tu situación financiera si no tienes cuidado. Podrías terminar con más deudas si no puedes seguir el ritmo de los nuevos pagos del préstamo.

Emprendimientos empresariales riesgosos

Comenzar un nuevo negocio puede ser una gran idea, pero si estás pensando en pedir dinero prestado para iniciarlo, asegúrate de saber lo que estás haciendo. En estos días, hay miles de negocios que puedes comenzar con muy poco dinero.

Recuerda, pedir dinero prestado es una decisión financiera seria que no debe tomarse a la ligera. Es importante pensar detenidamente por qué necesitas pedir dinero prestado y si es una decisión financiera prudente antes de asumir cualquier deuda.

Obteniendo tu primer auto

Comprar tu primer auto es un hito importante, pero también puede ser abrumador. Aquí hay algunos consejos útiles:

Determina tu presupuesto

Antes de comenzar a buscar autos, es importante determinar cuánto puedes gastar. Esto te ayudará a elegir el auto adecuado y evitar gastar de más.

Decide qué necesitas

Piensa en para qué usarás el auto y qué características son importantes para ti. ¿Necesitas un auto con buen rendimiento de combustible? ¿Estás buscando algo con mucho espacio de almacenamiento? ¿Necesitas un auto con tracción en las cuatro ruedas para inviernos nevados? Una vez que sepas lo que estás buscando, comienza a investigar autos que se ajusten a tus criterios. Busca opiniones en línea y pide recomendaciones a amigos y familiares.

Prueba de manejo

Siempre prueba un auto antes de comprarlo. Puedes ver cómo se maneja y si es cómodo para ti conducir, y si hace ruidos extraños.

Obtén una inspección del auto

Antes de comprar tu auto, pide a un mecánico que lo revise. Esto puede ayudarte a identificar posibles problemas con el auto y evitar que compres un vehículo en mal estado.

Negocia

Está bien negociar el precio del auto. Investiga de antemano para saber cuál es un precio justo para el auto que te interesa.

Considera las opciones de financiamiento

Si no puedes pagar el auto en efectivo, deberás considerar las opciones de financiamiento. Compara para obtener las mejores tasas de interés y asegúrate de entender los términos del préstamo. Es mucho mejor pagar en efectivo por un auto menos lujoso que comprar un auto lujoso y endeudarse. Así que evita las deudas tanto como puedas.

No olvides el seguro

Cuando compres un auto nuevo, deberás tener un seguro listo. Compara para obtener las mejores tarifas y asegúrate de tener la cobertura que necesitas.

Comprar tu primer auto puede ser un poco intimidante, pero si te tomas tu tiempo y haces tu investigación, puedes encontrar un auto que se ajuste a tus necesidades y a tu presupuesto.

Licencia de conducir y reglas de tránsito

En la mayoría de los países, para conducir un automóvil necesitas solicitar una licencia de conducir. La edad para hacerlo puede variar. Una vez que seas lo suficientemente mayor, revisa los requisitos y entrega tu documentación. A menudo, deberás aprobar un examen teórico sobre las reglas de tránsito y habilidades básicas de conducción. También deberás pasar una prueba de visión.

Algunos estados y países exigen que completes un curso de educación vial antes de poder solicitar una licencia. Este curso generalmente incluye instrucción en el aula y capacitación práctica en carretera.

Con tu permiso de aprendiz en mano, puedes comenzar a practicar la conducción bajo la supervisión de un conductor con licencia. La cantidad de práctica requerida varía según el estado, pero la mayoría exige un número mínimo de horas detrás del volante.

Una vez que hayas completado tu educación vial y la práctica de conducción, deberás aprobar una prueba de manejo para obtener tu licencia de conducir. Esta prueba evaluará tu capacidad para conducir de manera segura. Deberás seguir las reglas de tránsito.

Muchos estados y países tienen un programa de licencia de conducir graduada, lo que significa que los conductores nuevos están sujetos a ciertas restricciones hasta que adquieran más experiencia. Por ejemplo, es posible que se te exija conducir con un adulto con licencia en el automóvil durante cierto tiempo, o que tengas prohibido conducir de noche o con pasajeros menores de cierta edad.

Cada ciertos años, deberás renovar tu licencia de conducir; esto depende del país en el que vivas. Es posible que debas pasar una prueba de visión o volver a tomar el examen teórico o práctico para renovar tu licencia.

Conducir es una responsabilidad seria y es importante priorizar la seguridad en la carretera en todo momento.

Mantenimiento del automóvil

Mantener tu automóvil en buen estado es esencial para garantizar que funcione sin problemas y de manera segura. Aquí hay algunos consejos de mantenimiento del automóvil para ayudarte a mantener tu auto en óptimas condiciones:

Revisa tu aceite regularmente

El motor de tu automóvil depende del aceite para funcionar sin problemas, por lo que es importante revisar el nivel de aceite regularmente y cambiarlo según las recomendaciones del fabricante.

Mantén tus neumáticos inflados

La presión adecuada de los neumáticos puede mejorar el rendimiento del combustible y ayudar a prevenir accidentes. Revisa la presión de tus neumáticos regularmente y asegúrate de que estén inflados al nivel recomendado.

Cambia tu filtro de aire

Un filtro de aire sucio puede reducir el rendimiento de tu automóvil e incluso causar daños al motor. Revisa tu filtro de aire regularmente y cámbialo según sea necesario.

Mantén tu automóvil limpio

Lavar tu automóvil es una buena idea, ya que puede ayudar a prevenir la oxidación y daños en la pintura. También es una buena idea limpiar el interior del automóvil para evitar que se acumulen suciedad y escombros.

Revisa tus frenos

Tus frenos son una de las características de seguridad más importantes de tu automóvil. Haz que los revisen periódicamente y reemplaza las pastillas de freno según sea necesario.

Revisa tus líquidos

Tu automóvil depende de una variedad de líquidos, incluidos el refrigerante, el líquido de transmisión y el líquido de frenos. Revisa los niveles de líquidos regularmente y rellénalos según sea necesario.

Presta atención a las señales de advertencia

Si tu automóvil comienza a hacer ruidos extraños o a comportarse de manera diferente a lo habitual, es importante prestar atención a estas señales de advertencia y hacer que un mecánico inspeccione tu automóvil.

Viajes internacionales y consejos para aeropuertos

¿Por qué viajar?

Viajar puede ser increíblemente beneficioso para personas de todas las edades, incluidos los adolescentes, por diversas razones. En primer lugar, permite a las personas salir de sus rutinas y experimentar cosas nuevas, lo cual puede ser increíblemente refrescante y rejuvenecedor. También puede brindar la oportunidad de desconectar de la tecnología y estar presente en el momento, lo cual puede ser una excelente manera de reducir el estrés y aumentar la atención plena.

Viajar también puede ser asombroso para el crecimiento personal y la educación. Al navegar por lugares y culturas desconocidos, las personas pueden aprender mucho sobre sí mismas y sus valores. También puede ser una oportunidad para desafiarse a sí mismo y salir de la zona de confort, lo cual puede ser increíblemente fortalecedor y aumentar la confianza en sí mismo.

Además, viajar puede brindar una mayor comprensión y aprecio por las diferentes culturas, costumbres y formas de vida. Puede fomentar una mayor empatía y comprensión hacia los demás.

Por último, ¡viajar puede ser simplemente muy divertido! Puede crear recuerdos duraderos y proporcionar una sensación de aventura y emoción que puede ser difícil de replicar en la vida diaria.

Razones para viajar

¡Hay tantas razones por las que a las personas les encanta viajar!

Para aprender un nuevo idioma

Algunas personas viajan al extranjero para aprender un nuevo idioma o mejorar sus habilidades lingüísticas. Esto puede ser una excelente manera de sumergirse en una nueva cultura y obtener una comprensión más profunda de su gente.

Para aprovechar oportunidades educativas

Algunas personas viajan al extranjero para aprovechar oportunidades educativas, como estudiar en el extranjero, asistir a conferencias o talleres, o participar en programas de intercambio cultural. En algunas universidades, puedes optar por pasar unos meses o un año estudiando en otro país.

Para experimentar nuevas culturas

Muchas personas viajan a países extranjeros para sumergirse en una nueva cultura y aprender sobre sus costumbres, tradiciones e historia. Hacer mochilero es un tipo de viaje que implica llevar todas las pertenencias esenciales en una mochila y viajar de forma independiente o con un pequeño grupo de personas. Los mochileros suelen viajar con un presupuesto limitado y pueden alojarse en albergues, campamentos u otros alojamientos económicos.

Hacer mochilero puede ser una excelente manera de ver el mundo, conocer gente nueva y experimentar diferentes culturas. Permite mucha flexibilidad y espontaneidad, ya que los mochileros pueden cambiar su itinerario y planes sobre la marcha. Hacer mochilero también puede ser una excelente manera de desafiarse a sí mismo, ya que a menudo implica navegar por lugares y situaciones desconocidas.

Uno de los beneficios de hacer mochilero es que puede ser una forma muy económica de viajar. Al alojarse en albergues o acampar y cocinar en lugar de comer fuera, los mochileros pueden ahorrar mucho dinero en comparación con formas más tradicionales de viaje. Hacer mochilero también puede ser una excelente manera de conectarse con otros viajeros de todo el mundo, ya que los albergues y otros alojamientos económicos a menudo atraen a un grupo diverso de personas.

Aunque hacer mochilero puede ser muy divertido, es importante estar preparado y tomar las precauciones necesarias para mantenerse seguro. Esto puede incluir investigar los lugares que planeas visitar, llevar el equipo y suministros adecuados y estar informado sobre las costumbres y leyes locales.

Para visitar a familiares y amigos

Muchas personas viajan al extranjero para visitar a familiares y amigos que viven en otros países.

Personas de todas las edades viajan al extranjero por diversas razones, y cada viaje puede ofrecer una experiencia única y gratificante.

Solicitar un pasaporte

Si planeas viajar internacionalmente, necesitarás un pasaporte válido para ingresar a la mayoría de los países. Es buena idea solicitar un pasaporte lo antes posible, incluso si tu viaje está planeado para dentro de varios meses.

En general, se recomienda solicitar un pasaporte al menos seis meses antes de la fecha de viaje planificada, ya que puede tomar varias semanas recibir tu pasaporte después de enviar la solicitud. Sin embargo, si necesitas un pasaporte con mayor rapidez, a veces hay opciones de trámite rápido disponibles.

Si estás renovando un pasaporte, puedes solicitarlo hasta un año antes de su vencimiento. Sin embargo, ten en cuenta que algunos países exigen que tu pasaporte sea válido al menos seis meses después de la fecha de salida planificada, por lo que es importante verificar los requisitos de entrada para los países que visitarás.

Para solicitar un pasaporte, deberás completar un formulario de solicitud, proporcionar prueba de identidad y ciudadanía y enviar una foto para pasaporte.

Consejos para empacar

Aquí hay algunos consejos clave que pueden facilitar el proceso y asegurar que tengas todo lo que necesitas.

Haz una lista de empaque

Primero, haz una lista de todo lo que necesitarás para tu viaje. Esto puede ayudarte a evitar olvidar artículos importantes y asegurarte de no empacar en exceso.

Empaca ropa versátil

Intenta empacar ropa que pueda combinarse para crear diferentes atuendos y que pueda adaptarse según sea necesario.

Enrolla tu ropa

Enrollar la ropa en lugar de doblarla es una forma útil de ahorrar espacio en tu maleta y reducir las arrugas.

Empaca un botiquín de primeros auxilios de tamaño de viaje

Lleva contigo un pequeño botiquín de primeros auxilios cuando viajes, con elementos esenciales como vendas, analgésicos y cualquier medicamento recetado que necesites.

Empaca una botella de agua reutilizable

Llevar una botella de agua reutilizable puede ayudarte a mantenerte hidratado mientras viajas y reducir tu uso de botellas de plástico de un solo uso.

Deja espacio en tu maleta

Es buena idea dejar un poco de espacio en tu maleta para souvenires u otros artículos que puedas adquirir en tu viaje.

No olvides los documentos importantes

Lleva todos los documentos necesarios para tu viaje, como tu pasaporte, itinerario de viaje y cualquier visa o registro de vacunación requeridos para los países que visitarás.

Recuerda, empaca ligero y empaca inteligentemente. Con estas estrategias, puedes asegurarte de tener todo lo que necesitas para tu viaje sin empacar en exceso o llevar artículos innecesarios.

Consejos para el aeropuerto

Ir al aeropuerto puede ser un poco estresante, especialmente si no viajas con frecuencia. Aquí hay algunos consejos para el aeropuerto que pueden ayudar a que el proceso sea más fluido:

Llega temprano

Llega al aeropuerto con anticipación, especialmente si viajas durante una temporada ocupada o a un destino internacional. Planea llegar al menos dos horas antes de la hora de salida programada.

Regístrate en línea

Realiza el check-in en línea antes de tu vuelo, ya que esto puede ahorrarte tiempo en el aeropuerto. Asegúrate de imprimir tu pase de abordar o tenerlo guardado en tu teléfono.

Empaca de manera inteligente

Asegúrate de revisar las últimas reglas sobre el transporte de líquidos, geles y aerosoles. Además, asegúrate de empacar cualquier electrónico o artículo de valor en tu equipaje de mano.

Viste ropa cómoda

Usa ropa y zapatos cómodos, ya que es posible que debas caminar largas distancias o estar de pie en filas durante períodos prolongados.

Sigue los procedimientos de seguridad

Al pasar por la seguridad, asegúrate de sacar los líquidos o electrónicos de tu equipaje de mano, quitarte los zapatos y la chaqueta, y colocar todos tus objetos en una bandeja para que sean escaneados.

Mantente hidratado

Lleva una botella de agua vacía a través de la seguridad. Luego llénala en una fuente de agua una vez que hayas pasado. Mantenerse hidratado puede ayudarte a sentirte mejor durante tu vuelo.

Conoce tu puerta de embarque

Revisa las pantallas de información de vuelos para encontrar el número de tu puerta de embarque y date suficiente tiempo para llegar hasta ella.

Relájate

Una vez que hayas pasado la seguridad y encontrado tu puerta de embarque, intenta relajarte y disfrutar de tu experiencia de viaje. Lleva un libro, escucha música o come algo antes de tu vuelo.

Trucos de viaje

Viajar es una experiencia increíble, pero también puede ser estresante y abrumadora en ocasiones. Afortunadamente, hay muchos trucos de viaje que pueden hacer que tu viaje sea más fácil, eficiente y agradable. Ya sea que seas un viajero experimentado o estés en tu primer gran viaje, estos consejos y trucos pueden ayudarte a ahorrar tiempo, dinero y problemas. Compartiré algunos trucos de viaje útiles que cubren desde empacar hasta navegar por aeropuertos y mantenerse conectado mientras viajas. ¡Estos trucos seguramente harán que tu próximo viaje sea pan comido!

Utiliza una aplicación de viajes

Descarga una aplicación de viajes para ayudarte a planificar y organizar tu viaje.

Enrolla tu ropa

Enrollar la ropa en lugar de doblarla puede ayudar a ahorrar espacio en tu maleta.

Empaca un cargador portátil

Lleva un cargador portátil para tu teléfono u otros dispositivos electrónicos para que puedas mantenerte conectado mientras viajas.

Lleva una botella de agua vacía

Lleva una botella de agua vacía a través de la seguridad y llénala en una fuente de agua una vez que hayas pasado. Mantenerse hidratado puede ayudarte a sentirte mejor durante tu vuelo.

Empaca una bufanda

Lleva una bufanda o chal que pueda funcionar como una manta o almohada en el avión.

Empaca una bolsa pequeña en tu equipaje de mano

Empaca una bolsa pequeña en tu equipaje de mano con elementos esenciales como un cambio de ropa, cepillo de dientes y cualquier medicamento que necesites en caso de que tu equipaje facturado se pierda o se retrase.

Lleva una bolsa de compras reutilizable

Lleva una bolsa de compras reutilizable para usarla en souvenirs o compras de víveres.

Investiga las costumbres locales

Investiga un poco sobre las costumbres y normas de etiqueta locales antes de ir para evitar cualquier metida de pata cultural.

Lleva una fotocopia de tu pasaporte

Lleva una fotocopia de tu pasaporte y guárdala en un lugar separado del pasaporte real. Esto podría ser muy útil en caso de que se pierda o sea robado.

Reserva vuelos directos

Reserva vuelos directos siempre que sea posible para evitar escalas y minimizar el tiempo de viaje.

Utiliza una VPN

Utiliza una VPN para acceder a tus cuentas bancarias u otra información confidencial de forma segura mientras viajas.

Empaca bocadillos

Lleva contigo bocadillos para evitar la comida cara del aeropuerto o tener algo que comer durante un vuelo largo.

Estos trucos de viaje pueden ayudarte a hacer que tu viaje sea más eficiente, cómodo y agradable.

Conclusión

En conclusión, las habilidades para la vida son esenciales para que los adolescentes aprendan y desarrollen con el fin de enfrentar los desafíos de la vida adulta. Desde administrar las finanzas hasta desarrollar relaciones saludables, las habilidades cubiertas en este libro ayudarán a los adolescentes a crear una vida feliz, segura y exitosa. Al dominar estas habilidades, los adolescentes pueden obtener la confianza y la independencia que necesitan para prosperar como adultos.

Espero sinceramente que la lectura de este libro te haya sido de gran beneficio y te haya ayudado a tener mucho éxito y felicidad en la vida como adolescente. Puedes implementar rápidamente las lecciones aprendidas en tu vida diaria y notar los efectos positivos.

Antes de irte, tengo una pequeña solicitud que hacerte. Realmente agradecería si pudieras reseñar este libro y compartir las lecciones aprendidas. Hacerlo me ayudará mucho a dar a conocer este libro a otros adolescentes que pueden beneficiarse de los consejos y estrategias que he compartido.

Solo tenemos una oportunidad de vivir nuestras vidas. Sueña en grande y no tengas arrepentimientos.

¡Tú puedes!

Made in the USA
Las Vegas, NV
19 April 2024

88871799R00098